實踐儒家：儒學儒教的踐履施行

潘朝陽　著

臺灣學生書局印行

序　文

　　孔子以「仁」為核心而創建儒家，教化弟子，由身心的德性
修養發端，往外實踐愛民教民的仁義之政。孟子承繼發揚，主張
「仁義內在」，肯定「性善」，以良知良能之論來教化君子和庶
民，於道德性之基礎上，「居仁由義」、「由仁義行」，施行
「仁政王道」。儒家此種以本心德性為核心而肯定並且實踐仁政
的政道和教化的基本思想和信念，《大學》講得最為清楚而有條
理。《大學》開宗明義有「三綱八目」（「三綱領八條目」），
前者即「在明明德，在親民（在新民），在止於至善」。「明明
德」，即本心之德的自我明修；「親民」（「新民」），即透過
師道啟發國民或天下人之本有良知而能養成君子、賢士、聖人；
「止於至善」，即君子和庶民之道德臻及聖賢之境而人間政道亦
達乎「大同世」的太平理想。其實踐的步驟有八，此即「八條
目」，前端是「格物」、「致知」、「誠意」、「正心」、「修
身」，這五個步驟乃君子的心性和生命的基本內在之道德修養；
後面則是「齊家」、「治國」、「平天下」，這三個步驟，是其
內在的道德主體性之人格完成之邏輯地，也是時序地，向外推拓
實踐的客體性世界的理想之成就和實現。莊子稱美此種合內外、
合個人社會、合道德政治為一體的孔門儒家理想為「內聖外
王」，此即儒家的政道治道，由此實踐，成為儒家的「政統」和

「治統」。

「內聖外王」之道的經典，由孔子整理詮釋而成，這就是《六經》。孔子晚年返魯，「刪《詩》、《書》，訂《禮》、《樂》，修《春秋》，贊《周易》」，中國最根本的政治和文化典範自此建立。孔子詮釋並創新經典，後儒繼承此精神，因此發展出經典詮釋註解之學，包括經史以及儒者個人的思想、話語、文章，開出經學、史學以及宋理學家、明心學家、清實學，而及乎當代儒家的學術和講學創作，這就是中國儒家的「學統」。孟子承繼孔子之道，多引《詩》、《書》，甚重孔子《春秋》大義；荀子弘揚孔子之道，亦多引《詩》、《書》、《禮》，甚重「禮樂文制」。孟子「道性善，言必稱堯舜」，內外必相合，內聖外王並重，而以天命之絕對善性來肯定並推出聖賢之政；荀子「道性惡」而從「法先王」循至「法後王」的取徑，強調化性起偽的「禮法之政」。孟荀的主張和實施，皆是儒家王道。

若依孔子《大易》與《春秋》的思想，孔子仁政的終極性是「德治主義」的「禪讓政治」，此是中國古典型的「公天下」之政治主張。此種理想，在孟子、史遷乃至董生的論述裏，特別是詮釋孔子纂修《春秋》之微言大義中，積極地表達出來。而《禮記‧禮運》更直接明白說出「大同世」之王道，此種王道主張即「大道之行也，天下為公，選賢與能，講信修睦。」賢能君子透過選舉而可居政府的公位，而擁有政治的權力，如此建立一套公天下的政道，此種政治絕不是君王專制政治。由於秦漢大統一之後，中國受到法家及縱橫家影響，以「帝王術」控天下，其實已步入「血統世襲主義」的「君王專制政治」，現實上，中國已進入「私天下」之政治格局，垂兩千年而不變。儒家不得已，只好

在「大同世」的政道之後，再設計一種妥協性的「六君子小康世」的政道，此是在一姓世襲的君王專制中，冀望或鼓勵為政者實現「賢君良相」之君王宰相共同治理的愛民政治。這樣的政道，其實就是儒家在兩千年君王專制政治中，無可奈何的「內廷外朝」格局之規畫，而在其中對君王和宰相提出道德和能力之要求，內廷的君王代表政統，外朝的宰相代表治統。政與治，上下內外融洽合一。

然而這種所謂「六君子小康世」的「賢君良相」之政道，只是在秦漢專制政局已形成、已堅固之後的後儒之主觀上的理想，此種理想沒有再進一步籌劃出一套客觀理性的政道架構來予以實際之施行。它與現實的「緣飾以儒術而以法術（帝王術）為本質」的「外儒內法」之專制政治距離甚遠。中國兩千年的君王政治，是典型的「血統世襲主義」的專制政治。「政統在君王」，此層是一個黑暗祕窟，深不可測。宰相體系的儒臣，面對這一層森嚴陰闇體，絕對不容質疑挑戰。若予碰撞，則必是棄首東市乃至禍延九族。因此，歷代賢良之儒，其入仕，只能或只知在治道層中，依其官職，盡心盡力實施養民、愛民、教民的治理，面對君王，則只能與一般俗臣陋儒一樣，仍然頌讚「萬歲」。此種情形，連宋明大儒包括朱子、陽明，皆一也。歷來大儒最多是以道德來勸諫君王要作聖賢之君，且要求各級官吏莫忘聖人教訓而須有君子之德來作好治道。

歷史的弔詭和諷刺，則是賢君良相實在稀少，否則，中國歷代之政局，不會治亂反覆循環。朝代之末日，皆是源於專制政治的暴君愚王和貪官污吏的欺壓剝削殘害庶民百姓而使然。而朝代更替卻有兩種，一種是通過「打天下」的殺戮而推翻前朝改建新

朝，前朝與新朝是一樣性質的，只是他姓替代前姓來坐帝位而已，本質仍然是「血統世襲主義」下的君王專制；另一種卻更嚴重，那即是異族趁勢而入中原，取華夏民族的政權而宰制之。此有部分統治，如南北朝時代的北朝和五代十國時代的五代，以及宋時的遼金。又有全面入主中國者，如元、清兩朝。因此，歷代的君子儒，他們的人生之意義的實踐和境界的完成，遂順此軌轍而邁向兩大途徑，此即「德教」和「拒夷」。

　　無論是在承平盛世或紛擾亂世，儒者不管是為官或布衣，他們一定重視常道慧命和人文歷史的教育工作，身任師儒，是他們的終極價值觀的實踐，儒家的推行德教，當代新儒家徐復觀先生稱為「內在的道德性，客觀化到外面的『人倫』和『日用』的篤行」。他說：

> 　內在的道德性，若不客觀化到外面來，即沒有真正的實踐。所以儒家從始即不採取「觀照」的態度，而一切要歸之於「篤行」的。〔……〕於是儒家特注重「人倫」、「日用」。
>
> 　儒家內在的道德實踐，總是歸結於人倫。而落到現實上的成就，大體是從三個方面發展：一為家庭，二為政治（國家），三為「教化」（社會）。
>
> 　（◎引自徐武軍、徐元純輯：《徐復觀教授看世界──時論文摘》，四之二卷，臺北：臺灣學生書局，2018，頁187-188。）

以家庭為出發點，將道德倫理，往外篤行，成為政道之原則，且

成為教化之內容。當國家民族之大難來臨之際，儒家更毀家紓難或以身從義，依據《春秋》的「嚴華夷之防」的基本大節操，進行抗拒夷狄侵華的義戰，大局無法撐持，就退隱從事教化，其思想、人格和著作，影響當代菁英和普羅階層以及後世。如明末大儒顧炎武、黃宗羲、王夫之、孫奇逢、朱舜水等人，遭逢滿族之入侵中土，滅亡明朝，他們先是投身抗戰，大局崩塌之後，則留居遁隱草野民間甚至漂泊海外，從事道德倫理之教化。又譬如乙未（1895）割臺，著名書院山長丘逢甲創「臺灣民主國」，結合青年生員吳湯興、徐驤、姜紹祖、邱國霖等人，組織義軍，領導臺灣人奮起抗日，事敗，丘逢甲返原鄉粵東，從事傳統書院以及新式學堂之教化，丘氏是近代臺灣人一方面傳揚儒學，一方面又抗擊夷狄的儒者典範。

依上所言，儒家不是「觀照」的純粹哲學。觀照之路，是向內心深入的單一孤獨之路，如禪宗、道家，均重冥思入定，而進入「虛無清靜」或「般若寂滅」的道心、禪心之境界中，縱然亦在世間說法傳教，是「即煩惱即菩提」，是「菩提不離世間覺」，但終極地是「出世間」，是「入山林」，不是正向地入世而在客體的世界規劃設計一套理性架構來安排人的、社會的、政治的秩序和運轉。儒家之道及其學術，是具現在人間世進行人倫、政治和教化的架構性、外延性的實踐的，它亦可是一種哲學、一種宗教，但它不止孤明觀照、冥思玄想，而必須外向實踐，在「事業」的架構中篤行客觀的「事業」。

本書內容是筆者最近兩年分別在一些場合陸續撰述的十篇文章，分為四大類，一是「朱子儒學」，一是「明代儒學」，一是「臺灣儒學」，一是「當代新儒學」。四大類以時間排序，上下

千載，但其道則一，是為儒家之常道慧命，而集中在其學術教化和政道及春秋大節的實踐，故此中之文章，有論述朱子學、明代心學、臺灣儒學以及當代新儒家之學術者，包括了儒家的「三統觀」，亦深論儒家的道德倫理之教育之規劃和踐履，同時，也就丘逢甲和劉永福的堅苦卓絕之乙未臺灣抗倭之史事來詮釋儒者依據《春秋》之大義而實踐的華夏不屈辱於夷狄之節操。

　　這個世界的任何一個國家民族均有其價值核心和文化方向。中國之所以是中國，其價值核心和文化方向，是孔孟荀大儒以及兩千年儒家延續相傳的儒家常道慧命，它是中國的政道、是中國的教化中心，是中國社會的基礎，是中國的人心之定盤針。將儒家之道抽離，中國即非中國。

　　徐復觀先生說：「國族無窮願無極，江山遼闊立多時。」中國之族命所以無窮，神州之江山所以遼闊，乃是因為儒家的道德倫理無有極盡，君子的天地正氣浩然挺立。而此更有賴後之君子以其剛健敦篤之本心，代代相續，不止息地把孔子的德慧，化為仁政、教化和學術，真誠一志地實踐施行。

潘朝陽　序於　臺北·天何言齋

戊戌（2018）秋月

實踐儒家：儒學儒教的踐履施行

目　次

朱子儒學

壹　論朱子的啓蒙教育和少年教育觀並說儒家德教

一、前言

　　朱子的道德倫理之教化觀點，是中國傳統教育中非常重要的環節，他除了書院的成人之成德之教，亦關心孩提的啟蒙教育以及作為成人之教基礎的少年德育。朱子的教育觀是儒家體系和內涵的，孔孟仁義禮智之教育思想是大海，而朱子則是在此大海中湧現之德教的大教育家和思想家。本文論說朱子的啟蒙教育和少年教育觀並以荀子為例而說古代儒家的德教思想，再則論述當代新儒家熊十力、徐復觀兩位先生對於儒家傳統教育觀的護持、堅守以及他們對時代風氣的嚴格批判。

二、朱子的蒙學教育觀

　　距今八百八十八年前的大儒朱子（南宋，朱熹，1130-1200），極重視孩童的學前啟蒙教育以及初入學的小學教育。他特別編著了一卷啟蒙教本，稱為《童蒙須知》。今人嚴文儒校點《朱子全書·童蒙須知》，在其說明之文中曰：

　　《童蒙須知》，一作《訓學齊規》。

　　朱熹〔……〕尤重于蒙學教育。他認為，兒童接受童蒙教
　　學，打好基礎，學會謹守心術之要、威儀之則、衣服之制
　　和飲食之節，養成正道，「于灑掃應對進退之間，持守堅
　　定，涵養純熟」，成年之後，才能「通達事物」，「無所
　　不能」。基于此，朱熹寫了《童蒙須知》，以規範兒童的
　　思想品行、言談舉止。[1]

依據上述，朱子為了孩童的幼教，特別編著了孩童的學前啟蒙幼
教的教科書。其教學主旨是要讓孩童「學會謹守心術之要、威儀
之則、衣服之制和飲食之節，養成正道。」如此看來，朱子的啟
蒙幼教觀，是一種端正小孩的品德心性的道德教育，而不是著重
知識的啟蒙之教；是德性的而不是知性的幼教。

　　這本教科書，只有薄薄一卷，其目錄如次：「衣服冠履第
一」、「語言步趨第二」、「灑掃涓潔第三」、「讀書寫字第
四」、「雜細事宜第五」。[2]

　　此目錄簡明地顯示朱子著重孩童在日常生活的良好習慣，如
正確穿著以及懂禮的說話談吐，乃至於參與協助灑掃清潔之輕鬆
的家務，以培養孝悌勤勞之好品性，這些融合在生活和成長的學
習，均與生命心靈的正道發展密切關聯。

　　而在這個啟蒙幼教的內容中，朱子重視孩童的讀書和寫字的
練習。我們且看朱子的說法。朱子曰：

---

[1]　嚴文儒：〈童蒙須知・校點〉，《朱子全書》（上海：上海古籍出版
　　社，2002），第十三冊，頁 367。
[2]　見〔南宋〕朱熹：《童蒙須知》，收入《朱子全書》，第十三冊。

> 讀書，須整頓几案，令潔淨端正。將書冊整齊頓放，正身
> 體對書冊，詳緩看字，子細分明。讀之，須要讀得字字響
> 亮，不可誤一字，不可少一字，不可多一字，不可倒一
> 字。不可牽強暗記。[3]

讀書的「身體主體」（body-subject）的「空間性」（spatiality），
朱子從幼教始，就要求嚴謹恭敬。蓋因儒家甚重禮教之故，人除
了言語、表情之面對人事物而須有禮之規範之外，亦必須著重他
整個身體呈現出來的主體性（subjectivity），這個主體是與其生
活的空間密切契合為一的。因此，朱子編撰的《童蒙須知》，在
其讀書寫字之教學方法中，即要求孩童須使其身體成為一個端莊
敬重的主體，而能依恭謹慎密之姿態臨在其學習讀書寫字的空
間。[4]

　　再者，朱子如何規定孩童的讀書？其重點在乎孩童閱讀書本
文章的心志之程度，他希望孩童要詳細地、慢慢地讀熟書本文章
中的字，而非一整句、一大段地讀，所以他才會反復強調「字」
的熟識而非「文」的死背，因此，朱子才會說「詳緩看字，子細
分明。讀之，須要讀誦得字字響亮」，亦即朗讀；「不可誤一
字，不可少一字，不可多一字，不可倒一字。」皆是在「讀字」
方面叮嚀。他接著就告誡說「不可牽強暗記」。其意思是孩童先
以認字為先，教師不可以勉強孩童還沒熟字之前就對文章「牽強

---

[3]　同上注，頁 373-374。

[4]　其實，此種身體主體以禮臨在面對自己的生活世界和存在空間之諸多敘
　　論，在《禮記》中，多有其例。朱子是在他的教材中演出了古代儒家的
　　思想。

暗記」。

　　然而，難道朱子的啟蒙幼教觀是不在乎文章的熟讀和記憶嗎？此則不然。朱子如此說：

> 只是要多誦遍數，自然上口，久遠不忘。古人云：「讀書千遍，其義自見。」謂熟讀則不待解說，自曉其義也。余嘗謂讀書有三到，謂心到，眼到，口到。心不在此，則眼不看子細，即不專一，卻只浪漫誦讀，決不能記，記亦不能久也。三到之中，心到最急。心既到矣，眼口豈不到乎？[5]

幼童之讀書，亦須讀出文章的意義來，而不是一昧地囫圇吞棗而來死記死背的方法讀書。他強謂「三到讀書法」，依此法則而讀書，多誦幾遍，自然上口，久而久之，文章的意義就能真正明白。此「三到」是心到、眼到、口到。其中最關鍵重要者是心，心若不到，則眼不會看書冊，就是看也視而不見，如何能認字識文？口到是隨心到和眼到，用朗誦的方法，像是唱歌一樣地反復誦歌之，就能真正熟記文章，亦才自然地知曉其意義。

　　我們都知道，天下書本和文章極多，並不是每種書各類文，都一樣可以容易誦讀久之而其義自見。經典之玄奧深遠之義，是必須有良師加以解讀善誘啟發，弟子才能明白了悟，同時，每人才性稟賦的程度性質不一，所以，縱許是同一良師，同樣地教授解經，明敏之弟子背得熟記得住，也能解悟文章或經典的內容與

5　同注3，頁374。

意義，而有些較魯頓的弟子卻沒法做到，就如顏回默識心通，而子貢需再三問之，子路則與老師爭辯，甚至如宰我、冉求之不能與道體本心相應，引起孔子嚴肅斥責。朱子何嘗不明白此中道理？因此，我們就不能不加善解朱子這段敘述的意思，他是對孩童的蒙書教學來說的，此中蒙書的文章必然是道德之規範而不是知識之認知，而且淺白不玄深。若是較深奧的經文，牽涉形而上學之層次或本體宇宙論者，還在幼稚階段的孩童，不宜強之死背，亦不宜強予解說，更不可強迫考試。其理甚淺，即不可以揠苗助長。

三、朱子論少年教育

（一）

　　孩童會漸漸長大，中國從孩童之教到小學之教以及大學之教，亦有其次第。朱子關心的不止是啟蒙幼教，他當然也注意少年教化，因此，他亦編著了少年的《小學》課本。今人王光照、王燕均校點《朱子小學》（簡稱《小學》），引述清儒張伯行之言曰：

> 古者有大學、小學之教。八歲入小學，十五入大學。《大學》之書，傳自孔門，立三綱領、八條目，約二帝三王教人之旨以垂訓，程子以為入德之門是也。而小學散見於傳記，未有成書，學者不能無憾。於是朱子輯聖經賢傳及三代以來之嘉言善行，作《小學》書。〔……〕使夫入大學

者，必先由是而學焉。[6]

依此，中國古代少年於八歲入小學，受小學之教育，一直至十四歲。十五歲始是青年，入大學，受大學教育。所以，儒家創立的國民教育體系，啟蒙幼教是至七歲止，然後則是八歲至十四歲的小學教育，十五歲之後即大學成人教育。張伯行此處所說似乎把《四書》中的《大學》拿來約制大學教育，以為大學之教材只是《大學》。豈是這樣？《四書》之成書是宋時之事，此之前，《大學》和《中庸》是《禮記》裏面的兩篇文章，所以，古代只有《六經》（或《五經》），而這個儒家傳統的經籍，其實就是大學教育中的主要課程，若用另一關鍵而言，則傳統大學之教育，是「禮樂射御書數」之「六教」。《四書五經》形成後，大學教材當然以此《四書五經》為核心，並旁及於諸子書、史冊、文學等。在這段敘說中，張伯行除了說大學教育之外，特別指出朱子為了大學之前的少年道德品格教育，特別編著了一本教科書，其名即《小學》。

　　王光照、王燕均又引述元儒許衡之言曰：

自秦始皇焚書已後，聖人經籍不全，無由可考古人為學之次第。班孟堅《漢史》雖說小學、大學規模大略，然亦不見其間節目之詳。

至唐韓文公始引《大學》節目以為為治之序，及前宋伊洛

---

[6]　王光照、王燕均：《小學·校點》，《朱子全書》，第十三冊，頁379-388。引〔清〕張伯行之論小學、大學。

諸先生又表彰《大學》一篇，發明古者大學教人之法。近
世新安朱文公以孔門聖賢設教為學之遺意，參以《曲
禮》、《少儀》、《弟子職》諸篇，輯為《小學》之書四
卷。
小學之規模節目無所不備。[7]

許衡是元朝儒家，說《大學》就是大學的課程或是內含大學教人
之次第，顯然，清儒張伯行是依從元人之說詞。實則將中國傳統
的大學之教的課程說窄了。但許衡卻點出朱子編纂《小學》課本
的材料來源，基本上是從《禮記》的篇章來者。換言之，朱子的
小學教育之觀點和精神，乃源自漢朝的經學體系，並非僅限於宋
之理學。

王光照和王燕均說：

《小學》一書在古代影響極大，它既是儒典，又是蒙書，
既被用於學童作為儒學入門書，又被許多成年人看作存心
養性的性理學修養書。同時，它還具有很強的禮書性質，
這從其多取材於《禮記》之〈曲禮〉、〈王制〉、〈郊特
牲〉、〈內則〉、〈玉藻〉、〈少儀〉、〈樂記〉、〈祭
義〉、〈祭統〉、〈坊記〉諸篇以及《周禮》、《儀禮》
等可以推知。[8]

7　同上注，頁379-380。
8　同上注，頁381。

兩位王氏更詳細地指出許衡已大概說出來的意思，就是朱子編著
《小學》，其內容和精神是從上古的《三禮》取材而來。換言
之，朱子的小學教育觀，著重「禮」之教化。因此，兩位王氏接
著說：

> 從根本上說，《小學》一書還是一部教人以儒家倫常的蒙
> 學課本。正如朱熹本人所云：「後生初學，且看《小學》
> 書，那個是做人的樣子。」「古者小學已自養成了，到長
> 來，已自有聖賢坯模，只就上面加光飾。」[9]

依此，《小學》此本教科書，提供給八歲到十四歲的少年修學之
用，其主旨乃是「教人以儒家倫常」，換言之，朱子規劃的小學
教育，是道德心性的修養提升之倫理教化，養出循禮蹈矩的有教
養之少年，而非純粹知識的認知學習之教。

（二）

　　兩位王氏再說此本《小學》的撰書結構和朱子之用心所在。
他們說：

> 《小學》分內外兩篇。〈內篇〉重在說理，為全書之正
> 篇；〈外篇〉則重在實證，為全書之附篇。〔……〕《小
> 學》一書最重要的部分乃是〈內篇〉中的「明倫」與「敬
> 身」。〔……〕又以「明倫」更為重要。〔……〕具體

9　同上注。

說，包括父子之親、君臣之義、夫婦之別、長幼之序和朋友之信這五種人倫關係。正如明儒薛瑄所云：「《小學》一書，不外乎父子、君臣、夫婦、長幼、朋友五倫；五倫不出乎仁義禮智信之性。是性也者，其《小學》之樞紐也與？」顯然，古人將明倫作為《小學》的精髓和中心。〔……〕敬身的中心內容就是要知其心術之要、威儀之則、衣服之制和飲食之節等修身養性的功夫，而這一切修養，最終還是要體現在倫常行為之中。[10]

王氏特別徵引明儒薛瑄的話語來說明《小學》一書的教育主旨是在於培養少年學子明倫，而這種培養，實際上就是五倫之德性的認識、體悟以及實踐，而五倫的精神就是「仁義禮智信」之「五常」。換言之，朱子的小學教育是針對國家幼苗而設計的「常道教育」，在五倫之中啟發導引子弟以五常之性，而以五常之性來落實踐成德性昭昭的五倫社會。

對於《小學》這本教科書，明清儒者有極重要的評價。明儒施璜有言：「欲升入《五經》之堂室，必由《四書》階梯而上；欲升入《四書》之堂室，必由《近思錄》階梯而上；欲升入《近思錄》之堂室，必由《小學》階梯而上。此《小學》一書所以為萬世養正之全書，培大學之基本也。〔……〕朱子特編是書，以為讀書做人基本。」[11]施璜固為明儒，其實是典型的朱子理學家，其儒學或儒教的「階梯論」，是理學家的而不是心學家的觀

---

10 同上注，頁382。

11 同上注，頁383。

點。《四書五經》，誠然一體，讀《五經》前，先讀《四書》，
此十分自然。但《近思錄》和《小學》，在邏輯上，不必然就是
研讀熟習《四書五經》之階梯，對於儒家古典之精神的體悟證
會，其教化之路徑，實有多種，而不「必」是《近思錄》和《小
學》，心學家乃至清朝經學家，就非如此進入《四書五經》之堂
奧，當代新儒家大儒從熊十力先生起，直至唐牟徐三位先生，其
治學之路亦非此「階梯」之如此機械觀。但，施氏則點出在朱子
理學支配下的元明清官學體系或科考體系的教育之課程安排，大
概就是這樣的「階梯論」。到清初，康熙帝御用朱子理學，其勢
所及，清理學名臣就有上述施璜一樣的觀點，張履祥曰：「《小
學》是讀書做人基本，《近思錄》治經之階梯。但要成誦，刻期
可畢。若其義，則雖終身由之，不能盡也。學者不從二書為門庭
戶牖，積漸以進，學術終是偏枯，立身必無矩法。」[12]這是清朝
理學者的典型口吻，以朱子之書凌越了《四書五經》，其心量和
眼界不可取，但卻也說出清朝的小學教育，是完全以朱子的小學
教育觀為基本，教材當然也是《朱子小學》。

（三）

朱子編著《小學》，其序如此：

> 古者小學，教人以灑掃應對進退之節，愛親敬長隆師親友
> 之道，皆所以為修身、齊家、治國、平天下之本。而必使
> 其講而習之於幼稚之時，欲其習與智長，化與心成，而無

---

[12] 同上注。

扜格不勝之患也。〔……〕今頗蒐輯以為此書，授之童蒙，資其講習，庶幾有補於風化之萬一云爾。[13]

依此序文，朱子顯然非常重視少年教育，認為中國從古代就已教授少年道德修為之方針和路向，朱子認為是從日常生活的灑掃應對進退之節序和生命成長的愛親敬長隆師之歷程中，使少年就讀於小學時段，也就是八歲至十四歲的七年之中，穩固地建立了一個進德修業的基礎，此基礎即以後就讀大學時的《大學》之道的根本，進而成為能夠實現外王志業的儒家。

依據《小學》的目錄，此書有〈內篇〉，共五卷，依序是：

1.「立教」（共一卷）。

2.「明倫」（共兩卷），於其中，細分：通論、父子之親、君臣之義、夫婦之別、長幼之序、朋友之交；根本上，是引經文教授少年學生以儒家「五倫」之大義。

3.「敬身」（共一卷），於其中，細分：心術之要、威儀之則、衣服之制、飲食之節；根本上是《童蒙須知》的課文之延伸和增益。

4.「稽古」（共一卷），於其中，就立教、明倫、敬身和通論，從史籍中列舉實例以具體證之。

〈外篇〉則有六卷。它分為：

1.「嘉言」（共三卷），分別是：廣立教、廣明倫、廣敬身；朱子在這部分，引述先聖先儒的話語來申論「立教」、「明倫」、「敬身」的意義。

---

[13]　〔南宋〕朱熹：《小學‧原序》，《朱子全書》，第十三冊。

2.「善行」（共三卷），分別是：實立教、實明倫、實敬身；朱子在這部分，則是徵引許多先聖先儒的立身行事德業等事實來證成「立教」、「明倫」、「敬身」的實效。

1.立教

〈立教〉，朱子撰一前言，曰：

> 子思子曰：「天命之謂性，率性之謂道，修道之謂教。」則天明，遵聖法。述此篇俾為師者知所以教，而弟子知所以學。[14]

朱子的《小學》，作為少年教育的教科書，其立教主旨源自《中庸》。教什麼學什麼？教學都是天命性道，是儒家核心智慧，在《中庸》曰「誠體」；在《論語》曰「仁體」；在《孟子》則曰「良知」。這在儒家言，即本體學即倫理學，教學此兩層而合為一體。

2.明倫

〈明倫〉，朱子撰一前言，曰：

> 孟子曰：「設為庠序學校以教之，皆所以明人倫也。」稽聖經，訂賢傳，述此篇以訓蒙士。[15]

朱子特引孟子重視庠序學校的教育，且是以教化人民道德心性為

---

[14] 〔南宋〕朱熹：《小學·立教·前言》，頁395。
[15] 〔南宋〕朱熹：《小學·明倫·前言》，頁398。

主旨。換言之，朱子的《小學》，是「孟子學」，以良知本心的提撕喚醒為主。朱子此句引孟子之言，來自〈滕文公篇〉：

> 滕文公問為國。孟子曰：「〔……〕設為庠、序、學、校以教之。庠者，養也；校者，教也；序者，射也。夏曰校，殷曰序，周曰庠，學則三代共之，皆所以明人倫也。」[16]

孟子回答滕文公如何治國，除了告訴滕文公勤於養民以農並省薄賦稅之外，必須以教育庶民為大事，而此教育之內容就是道德，而以道德培養良好的人倫。朱子的小學教育方針顯然是繼承發揚孟子。

其實，朱子沒有詳細徵引孟子完整的仁政思想。孟子回答梁惠王問治國曰：

> 不違農時，穀不可勝食也；數罟不入污池，魚鱉不可勝食也；斧斤以時入山林，材木不可勝用也。穀與魚鱉不可勝食，材木不可勝用，是使民養生喪死無憾也；養生喪死無憾，王道之始也。
>
> 五畝之宅，樹之以桑，五十者可以衣帛矣；雞豚狗彘之畜，無失其時，七十者可以食肉矣；百畝之田，勿奪其時，數口之家可以無饑矣。謹庠序之教，申之以孝悌之義，頒白者不負戴於道路矣。七十者衣帛食肉，黎民不饑

16　《孟子‧滕文公》。

不寒，然而不王者，未之有也！[17]

由此可見，孟子是在其仁政王道觀的體系中，包含了庠序之教。庠序之教就是孝悌之教，也就是仁教。而仁教卻有一個前提，那就是七十者可以食肉，頒白者不負戴於道路，而且數口之家的黎民百姓不饑不寒，以此富民之仁政為其基礎。否則，掛空的孝悌仁義之道德教育，如何可在庶民百姓吃不飽穿不暖的貧困情況下去要求？豈不成為「殺人的禮教」？

　　教育的實行，必須立基於經濟豐足的政治，方能有效。孟子其觀點是繼承孔子來的，《論語》載：

　　子適衛，冉有僕。子曰：「庶矣哉！」冉有曰：「既庶矣，又何加焉？」曰：「教之。」[18]

孔子提出來的「先富之，而後教之。」成為中國儒家兩千五百多年來的基本教育觀點。董生在其〈仁義法〉中也強調了「子謂冉子曰：『治民者，先富之而後加教。』」的基本教育論。[19]朱子是儒家，當然重視養民，強調為仁者應均平財富而與民同樂，在養民已備的條件下，發展推動孝悌忠信的倫理道德之教，在朱子許多著作中，我們發現他很注重庶民百姓之疾苦，痛恨地主佔田隱田，故常欲行經界，制裁奸宦劣紳，雖然大多數以失敗告終，但其規劃創立「社倉」，而在災荒時及時收到賑濟災民之效。如

17　《孟子‧梁惠王》。
18　《論語‧子路》。
19　〔西漢〕董仲舒：《春秋繁露‧仁義法》。

果單純地讀朱子的《小學》，並且連帶著讀他寫的引孟子庠序之
教之前言，會以為此只是一種將道德孤懸抽象而論的道德教條。
其實，我們須將朱子的少年教育之思想融入他的整體思想學術體
系之中，才能真確認識，朱子的小學教育裏面的道德性教育觀，
須在既已養民才能教民的整體之儒家的仁政王道之政教系統結構
中，才能有其正確性。後學者讀朱子《小學》，並依之而教化少
年，宜有這樣的了解和施作。

3.敬身

〈敬身〉，朱子亦撰有一前言，其文曰：

> 孔子曰：「君子無不敬也，敬身為大。身也者，親之枝
> 也，敢不敬與？不能敬其身，是傷其親；傷其親，是傷其
> 本；傷其本，枝從而亡。」仰聖模，景賢範，述此篇以訓
> 士。[20]

朱子此段前言，是引自《禮記》，哀公問孔子，孔子告訴哀公為
政之道，其中有曰：

> 昔三代明王之政，必敬其妻子也，有道。妻也者，親之主
> 也，敢不敬與？子也者，親之後也，敢不敬與？君子無不
> 敬也，敬身為大。身也者，親之枝也，敢不敬與？不能敬
> 其身，是傷其親；傷其親，是傷其本；傷其本，枝從而
> 亡。三者，百姓之象也。身以及身；子以及子；妃以及

---

[20] 〔南宋〕朱熹：《小學·敬身·前言》，頁415。

> 妃，君行此三者，則愾乎天下矣，大王之道也。如此，國
> 家順矣。[21]

在此段敘述中，孔子告訴魯哀公在治國之道中，必敬重其后妃之
德儀，注重其世子之教養，更須敬慎於自己而必以德養護身心。
這就是三個敬德，而以敬身為中心。孔子此言是對統治者講的，
但由於君王以身作則，其風氣就會下佈而影響庶民，因為庶民亦
有妻有子有己，亦須有禮之生治和教養，風行草偃，德政就能實
現。朱子引此段話語，重點不在國君之治國，而是借用之來強調
我們只要是人，有家庭，就須有道德教養，而道德之教養從己之
身心的德養出發。

　　其實關於「敬身」，在《論語》，不少章句已有著明。《論
語》：

> 曾子有疾，召門弟子曰：「啟予足，啟予手，《詩》云：
> 『戰戰兢兢，如臨深淵，如履薄冰。』而今而後，吾知免
> 乎！」[22]

曾子一生以戒慎恐懼的敬德來修養身心，何以稱為敬「身」而非
敬「心」？那是因為身體是心性之載體，故敬德之實踐，須如同
《孝經》所言：

21　〔漢〕戴德：《禮記・哀公問》。

22　《論語・泰伯》。

> 仲尼居，曾子侍。子曰：「先王有至德要道，以順天下，
> 民用和睦，上下無怨。汝知之乎？」曾子避席曰：「參不
> 敏，何足以知之。」子曰：「夫孝，德之本也，教之所由
> 生也。復坐，吾語汝。身體髮膚，受之父母，不敢毀傷，
> 孝之始也。立身行道，揚名於後世，以顯父母，孝之終
> 也。夫孝，始於事親，中於事君，終於立身。《大雅》
> 云：『無念爾祖，聿脩厥德。』」[23]

顯然，撰述《孝經》的儒者，是從《論語》的孝悌之道和曾子的
戒慎恐懼之德操而結合成這段章句的思想，此處明顯地點題而提
出「孝」是德行之基本，是教育之生源。而孝行的出發處正是
「身體髮膚，受之父母，不敢毀傷。」身體是孝德的載體，如同
燈臺，若燈臺壞，燈火即無有憑藉而無法發出；既無燈火，則無
光照；若無身體，則孝心喪其載體，也就無由實現孝德。而孝行
的完成，則是「立身行道，揚名於後世，以顯父母。」所謂「立
身行道」，即此身體能夠健康而立，方能實踐孝悌之德而擴展為
眾德於天下。所以，由始而成終，亦即開始於身體的保健，而藉此
健康和完整的身體來進一步完成仁心德慧之實踐於世間，這整個
過程和結果，就是朱子的《小學·敬身》的教育主旨和本義。[24]

---

[23] 《孝經·開宗明義》。

[24] 儒家甚重視身體之正常存在，因為身是心的載體，故曰身心性命，若失
去身命，則一切成德之志就化為烏有。佛家亦然，佛重視人之身根，因
為人有人身，才能借此身命而修慧命，才能有成佛之可能，若人身之命
斷絕，則其內在慧命亦絕，成佛不知要在幾劫之後，何以故？是因為人
身難得，故佛戒殺業，若斷人身命，就是斷其慧命，其慧命一旦被殺而

4.稽古

〈稽古〉，朱子的前言則曰：

> 孟子道性善，言必稱堯舜。其言曰：「舜為法於天下，可
> 傳於後世。我猶未免為鄉人也，是則可憂也。憂之如何？
> 如舜而已矣。」撫往行，實前言，述此篇使讀者有所興
> 起。[25]

這一段前言，朱子將其稽古致遠之史實之例證，推至堯舜。因為
堯舜是儒家內聖外王的理想型態。在這段前言裡，朱子引用兩章
孟子之言而合為一整句。首先是：「滕文公為世子，將之楚，過
宋而見孟子。孟子道性善，言必稱堯舜。」[26]朱子在其《集註》
的《孟子章句》中，這樣詮釋：

> 世子，太子也。道，言也。性者，人所稟於天以生之理
> 也，渾然至善，未嘗有惡。人與堯舜初無少異，但眾人汨
> 於私欲而失之，堯舜則無私欲之蔽，而能充其性爾。
> 〔……〕仁義不假外求，聖人可學而至，而不懈於用力
> 也。〔……〕程子曰：「性即理也。天下之理，原其所
> 自，未有不善。喜怒哀樂未發，何嘗不善？發而中節，即
> 無往而不善；發不中節，然後為不善。故凡言善惡，皆先

斷絕，則其喪失成佛之機，故犯殺人之業者，墮阿鼻地獄，永世超生不
得。儒佛對於身命，其重視是一致的。

25 〔南宋〕朱熹：《小學·稽古·前言》。
26 《孟子·滕文公》。

善而後惡；言吉兇，皆先吉而後兇；言是非，皆先是而後非。」[27]

在朱子看來，孟子道性善，就是儒家以人性就是天性，也就是天理而論之，天理是純然至善，人之心性，稟天理而生，故亦純粹至善而無有惡。朱子徵引程伊川之言，亦不出天生性善之義。朱子特舉堯舜為性善的典範來詮釋孟子此一儒家良知本心論之第一聲宣示。

堯舜是孔子衷心頌贊的古聖王，孔子贊美舜，他說：「無為而治者，其舜也與？夫何為哉？恭己正南面而已矣！」[28]孔子又贊美堯帝，他說：「大哉！堯之為君也。巍巍乎，唯天為大，唯堯則之。蕩蕩乎，民無能名焉。巍巍乎，其有成功也；煥乎，其有文章。」[29]

孔子稱頌堯舜，是就他們的「帝王」的身份而說，並不是單純地就其個人的心性之純善，亦即就其「內聖」之境界來加以贊嘆。因為，顯然孔子是就堯舜的施政之功德來點明兩者的道德和人文之崇聖成就，這即是「外王」。

〈滕文公篇〉的第一章記載的滕文公，其時還是世子，出使楚國，經過宋，特別訪問孟子，一定是請教孟子如何治國，否則一位諸侯的太子，何必特別在路上停留來見一位布衣平民身份的儒家。因此，所謂「孟子道性善，言必稱堯舜」，就不僅僅只是表達「性善論」而已。表達本心本性之純善，這是在這句話的上

---

[27] 〔南宋〕朱熹：《四書集註·孟子章句·滕文公》。
[28] 《論語·衛靈公》。
[29] 《論語·泰伯》。

半部，此是「內聖」；下半部卻是明顯主張堯舜的「外王」。孟
子並非單獨地闡述性善說的心性論，他如同孔子一樣，也主張堯
舜的仁政，然則，堯舜仁政為何？就是《尚書‧堯典》所闡揚的
「公天下德治主義的禪讓政治」。[30]此種孔孟主張肯定的外干，
就是儒家的古典的民本主義到民主主義的政道，在《禮記‧禮
運》也有同樣的思想，而在《公羊春秋》的「三世說」中也表達
了相同的政道之理想。

　　然而，朱子畢竟距離先秦以及兩漢有一段歷史距離，孔孟的
公天下，亦即太平世或大同世的最高外王典範，在秦以法家統一
天下，而後漢朝又雜王霸以治天下之後，垂兩千年，歷代儒家逐
漸忘掉了二帝堯舜的政治理想，是德治主義的禪讓公天下的大同
世或太平世境界，在那個境界裏，無統治階級和被統治階級之二
分對立，而是「見天下群龍無首吉」和「人人皆有士君子」的融
洽和諧之政治社會。後儒心中最高的政道，其實只是〈禮運篇〉
中的「六君子小康世」而已，換言之，認同的是君主專制血統世
襲制，但期望是「賢君良相」的政道，而他們以為這樣的政統，
就是儒家的最高理想型態了。所以，朱子讀《孟子》，且終身勤
於註解詮釋而不輟，惜乎只能見孟子的「內聖學」，卻無法體悟
孟子的「外王學」的大義。所以，他在《小學‧稽古》的前言，
舉出孟子，亦等於舉出堯舜，卻只能就道德心性論而理解，卻不
能認知孟子公天下政治論之微言。上述朱子為《小學‧稽古》所
寫的「前言」的後一句，亦引自《孟子》。

30　見《尚書‧堯典》。此篇文章有儒家的公天下德治主義禪讓政治之論
　　述，十分重要。

孟子曰：君子所以異于人者，以其存心也。君子以仁存
心，以禮存心。仁者愛人，有禮者敬人。愛人者，人恆愛
之；敬人者，人恆敬之。有人于此，其待我以橫逆，則君
子必自反也：「我必不仁也，必無禮也，此物奚宜至
哉？」其自反而仁矣，自反而有禮矣，其橫逆由是也，君
子曰：「此亦妄人也已矣。如此，則與禽獸奚擇哉？于禽
獸又何難焉？」是故君子有終身之憂，無一朝之患也。乃
若所憂則有之：「舜，人也；我，亦人也。舜為法于天
下，可傳于後世，我猶未免為鄉人也，是則可憂也。」憂
之如何？如舜而已矣。若夫君子所患則亡矣，非仁無為
也，非禮無行也。如有一朝之患，則君子不患矣。[31]

這一章孟子指出君子所以異於一般俗人之修養是以仁存心，以禮
存心；故君子能以仁而愛人，以禮而敬人。所以，君子與小人之
分就在於心中是否有仁有禮，而實踐出來，就能有愛人之行而且
待人以禮；君子有之，小人無之。小人甚至於有如禽獸一樣惡
劣。君子的終身憂患正在於此，即自己不可墮落而為小人或禽
獸。然則，要如何向上提升而不可向下沉淪？孟子把大孝典型的
聖王舜舉出來，作為君子學習的楷模。就內層來看，學習舜而為
君子，是希望自己修為心性至如舜一樣境界的仁和禮，而其實更
深一層，則是須從外層來看，學習舜的君子，是要在外王志業
上，達到仁政禮教的王道社會。

我們讀《孟子》，必須隨時記住孟子的話語，基本上，是內

聖外王合而為一體來弘揚闡釋他的仁政王道理想的。唯朱子編著
《小學》一書，顯然只是就心性道德倫理教育的旨趣，教化少年
以倫常的道德意義，此是「內在義」，並沒有往外推拓而建立
「外在義」而教育以政治層次的仁政王道之意義。其所期待於少
年學子之學習舜，僅以舜為對父兄孝悌、對世人仁禮之典範。

5.嘉言、善行

朱子合〈嘉言〉和〈善行〉兩章，亦有前言，曰：

> 《詩》曰：「天生烝民，有物有則；民之秉彝，好是懿
> 德。」孔子曰：「為此詩者，其知道乎！故有物必有則。
> 民之秉彝也，故好是懿德。」歷傳記，接見聞，述嘉言，
> 紀善行，為《小學》外篇。[32]

按此句話語，朱子是徵引孟子的論述而來。孟子與公都子討論
「性善」，孟子回答的話語中有一大段如此說：

> 惻隱之心，人皆有之；羞惡之心，人皆有之；恭敬之心，
> 人皆有之；是非之心，人皆有之。惻隱之心，仁也；羞惡
> 之心，義也；恭敬之心，禮也；是非之心，智也。仁義禮
> 智，非由外鑠我也，我固有之也，弗思耳矣。故曰，求則
> 得之，舍則失之。〔……〕《詩》云：「天生烝民，有物
> 有則；民之秉彝，好是懿德。」孔子曰：「為此詩者，其

---

[32] 〔南宋〕朱熹：《小學・嘉言、善行・前言》，頁433。

知道乎！故有物必有則。民之秉彝也，故好是懿德。」[33]

朱子只提孔子讀《詩》教弟子而指出人之有常道在身，此在孔子，就是仁心。朱子的少年教育，即是教少年以孔子仁道。期望少年學子能夠體證仁心而有德行。孟子整句則是有三段重點，一是他自己闡揚的「心有四端」，一是《詩》，一是孔子贊《詩》之言。此詩句出自《詩·大雅·烝民》。〈烝民〉之詩，高亨說：「周宣王的大臣尹吉甫作這首詩，贈給仲山甫，大力贊揚仲山甫的美德及其輔佐宣王的忠直，〔……〕」[34]此詩第一首如此：

天生烝民，有物有則；民之秉彝，好是懿德。
天監有周，昭假于下；保茲天子，生仲山甫。[35]

此詩顯示西周宣王時期，周人以天為在上界監看地面人國的超越者主宰者，此種「超越者天」之信仰，仍然明顯強烈，天人依然有上下二分的意味。然而，孔子引述此詩時，則此種上天由上而下監臨世人的感知，已經褪色，而把天轉換成為「常道」，人人承天所予，內在於心，而秉此常道之心作用於事物，故能具備美德。朱子的前言，其著重點，是孔子之義，已非《大雅·烝民》之本義，換言之，朱子教給少年之教化，是孔子之常道，也就是

---

[33] 《孟子·告子》。

[34] 高亨：《詩經今注》（臺北：漢京文化事業有限公司，1984），頁454。

[35] 《詩·大雅·烝民》。

仁道，而不是外在性超越性的帶有古代上帝味道之天。

　　然而，朱子這句前言，其實是截取孟子論性善之話語的後段。而在孟子，是承繼孔子之仁，再有發展，此即孟子強調的四端本心，也就是心之根本是純然至善的本心，人人本有，恆常天道，在本心的發用中證成，一發用就是「四端」，否則天道是虛懸而抽象的。此仁義禮智之四端之情的發用，是從孔子的仁，從西周之前的天，逐漸落實具現在人的心性生命，並且實踐於人之五倫之中，建立一個居仁由義且禮樂融洽的人文世界。這是孟子的本心論的主旨。朱子設計的少年倫常之德教，其實應由孔子而再推進，於孟子良知本心論中才能真正貞定。

四、古儒與當代新儒家的教學觀

（一）荀子

　　朱子對孩童的教育以及少年的教育，由上章的闡釋，得以了解這是一種道德倫常的教化，著重德性之啟蒙和培養，而不在於知識之教育。如果用張橫渠的話來說，朱子的兒童和少年教育觀是「德性之知」之教育，而不是「見聞之知」之教育。

　　此種觀點，在上古儒家是否一致？若就《論語》而言，第一章就是「學」。「學而時習之」，學與習合而為一，證明孔門最重視教育。然則，孔子以什麼教化弟子，依《論語》，則是《詩》、《書》、《禮》、《樂》，可能晚年還有《易》、《春秋》。其目的是培養成德君子，最高境界，則是聖人。孔子教人，是以德性為主，若有見聞，則是以德性為主而帶出來的相關

之見聞，如果是專業知識和技能呢？譬如農耕之業、園藝之技，則孔子會說：「吾不如老農，吾不如老圃。」農業屬於專門的技能知識，不是儒學，而歸諸「有司」存之。

　　荀子如何？他亦重學，其著作第一篇就是〈勸學〉。我們來看其學習之重心所在。荀子曰：

> 學惡乎始？惡乎終？曰：其數則始乎誦經，終乎讀《禮》；其義則始乎為士，終乎為聖人。真積力久則入，學至乎歿而後止也。〔……〕故《書》者，政事之紀也；《詩》者，中聲之所止也；《禮》者，法之大分、群類之綱紀也，故學至乎《禮》而止矣。[36]

荀子指出學習是從學生的「誦經」開始，最後面的教育則是「讀《禮》」；教育目的是將弟子培養成為「士」，最高境界則是「聖人」。他也強調學習經典，是終身志業，沒有止息。他認為學《書》，是為了明白政治之紀；學《詩》，是為了配合樂教而得到中道之涵養；而《禮》之學習最重要，因為「禮」是「法之大分、群類之綱紀。」換言之，「禮」在荀子言，是人之政治、社會和心性的規範軌轍，不可一日或缺。因此，從士至聖人，其教育的終極關懷就是「禮」的熟習、規劃和遵循。可以說荀子的教育觀是「禮的教育」，當然，它是道德之教，但若比較而言，孟子的道德之教是從本心良知之善端出發，而荀子的道德之教則是從政治社會的規範具現。

36　《荀子・勸學》。

　　由於孔子的《春秋教》是晚年才發展出來的，所以，在荀子的「禮教」體系中，他加入了學習《春秋》。荀子曰：

> 夫是之謂道德之極：《禮》之敬文也，《樂》之中和也，《詩》、《書》之博也，《春秋》之微也，在天地之間者畢矣。
>
> 君子之學也，入乎耳，箸乎心，布乎四體，形乎動靜，端而言，蠕而動，一可以為法則；小人之學也，入乎耳，出乎口，口耳之間則四寸耳，曷足以美七尺之軀哉？古之學者為己，今之學者為人。君子之學也，以美其身；小人之學也，以為禽犢。[37]

在這一段，荀子分出君子小人之學的差異，但莫誤會以為君子是學一類書本文章，而小人則學與君子不同類的教材，弟子學習的經籍都一樣，但漸漸會分化出君子小人。教材是《禮》、《樂》、《詩》、《書》、《春秋》；在《六經》之教中獨缺《易》。雖然孔子「贊易」，但在東周末期，《易傳》既是七十子後學逐漸撰述，可能尚未完整形成，所以不在荀子的經教之體系中。但無論如何，荀子已明白指出「用心讀經」者，才有可能培養成德為君子，而若只是把經典當成外在工具，毫無「用心」，則經典只是「口耳四寸之間」而與身心毫無關聯的「死材料」而已，這樣養出來的則是小人。小人利用口耳死材料，謀求世間榮華富貴，甚至淪為敗德害生的奸佞，荀子斥之為「禽

37　同上注。

獸」。這一點，荀子的教育觀與孟子、朱子是一致的。

荀子又說：

> 學莫便乎近其人，學之經莫速乎好其人，隆禮次之。上不
> 能好其人，下不能隆禮，安特將學雜識志，順《詩》、
> 《書》而已耳，則末世窮年，不免為陋儒而已！將原先
> 王，本仁義，則禮正其經緯蹊徑也。若挈裘領，詘五指而
> 頓之，順者不可勝數也。不道禮憲，以《詩》、《書》為
> 之，譬之猶以指測河也、以戈舂黍也、以錐餐壺也，不可
> 以得之矣！故隆禮，雖未明，法士也；不隆禮，雖察辯，
> 散儒也。[38]

這段荀子之文句，我們依梁啟雄先生的詮釋，[39]予以究明：
(1)「學莫便乎近其人，學之經莫速乎好其人」。梁氏說：

> 王曰：「經讀為『徑』」。郭曰：「好其人，謂中心悅而
> 誠服親炙之深者也。」啟雄案：郭說很對，但所好的人不
> 必限於和自己同時代的人，如孟子對於孔子就是明證。
> 〈解蔽〉：「故學者以聖王為師，〔……〕以務象效其
> 人。」可以和這句互發。

荀子呼籲學子誦讀經典，首先必須對於古聖先賢以及德厚學博的

38　同上注。

39　梁啟雄：《荀子柬釋》（臺北：河洛圖書出版社，1974），頁 10-11。

老師有誠悅恭敬而向其學習的誠心一志。換言之，學習之態度須先有尊師重道之心志。

(2)「隆禮次之」。梁氏說：

> 啟雄案：《說文》：「隆，豐大也。」《小爾雅》：「隆，高也。」《禮記·經解》注：「隆，尊盛之也。」《荀書》例，隆字有作動詞的，如隆禮、隆仁、隆師、隆性、隆積、隆禮義；有作形名詞用的，如隆正、隆高、仁之隆、禮之隆、政之隆、國之隆、家之隆、立隆。

依此，荀子意謂學子學習經典，在尊師重道之次，必須於內心和實作上，都能尊隆崇高禮法。譬如今之大學生，經常無故缺席，縱然在課堂上，也多低頭玩手機、打電腦、伏案大睡、說話吵鬧，此即敗亂了課堂的禮法，若此，不可能真正學得經典智慧。

(3)「上不能好其人，下不能隆禮，安特將學雜識志，順《詩》、《書》而已耳，則末世窮年，不免為陋儒而已！」梁氏說：

> 王引之曰：「此文本作：『安特將學雜志、順《詩》、《書》而已耳。』」志，即古「識」字也。今本並出「識」、「志」二字者，校書者旁記識字，而寫者因誤入正文耳！「學雜志」、「順《詩》、《書》」皆三字為句，多一「識」字則重複而累於詞矣。高曰：「順借為『訓』」，《說文》：「訓，說教也。」啟雄按：《荀子》通以「安」、「案」為語詞，其義或作「於是」或作

「則」。說見《釋詞》二。學雜志，指記誦教條或盲目地
亂學；順《詩》、《書》，指搬弄教條，或「販賣式」地
教導學生。都犯了「書本與實踐完全分離」的錯誤。

依梁氏的詮釋，教學的功夫和進境，尊師隆禮是先決條件，如果
沒有作到，則所謂教育，所謂誦讀《詩》、《書》云者，只是死
板地記誦教條或盲目地亂學，或只是搬弄教條，或「販賣式」地
教導學生而已，與培養德性來成就君子乃至成聖成賢了不相干。

　　(4)「將原先王，本仁義，則禮正其經緯蹊徑也。」梁氏
說：

　　　　啟雄按：謂將要追溯先王之原，窮仁義之本，那末，禮正
　　　　是入道之井然的縱橫步道。

梁氏指出荀子的教育觀是無論是老師教或學生學，皆須依據「禮
法」為入路，循此軌轍來追溯先王而以先王為根源，並且窮究仁
義而以仁義為基本。然而，就荀子之意，「禮」之規範是前提，
若不遵之而入，則不可能得先王仁義之大道。

　　在最後面，梁啟雄再次依據荀子所言的「不道禮憲，以
《詩》、《書》為之，譬之猶以指測河也、以戈舂黍也、以錐餐
壺也，不可以得之矣！故隆禮，雖未明，法士也；不隆禮，雖察
辯，散儒也。」指出若不實踐「禮法」，卻專門空談《詩》、
《書》，此種教育或學習，就如同用手指測量河深、以刀戈舂小
米、拿鐵錐來挾食壺中的食物，是與培士子養君子成聖人之正路
背道而馳的歧途。崇隆禮憲，雖然還沒完全明白，但卻是有德養

的禮法之士，若不崇隆禮憲，固然因為讀了很多《詩》、《書》等經典，那又有什麼真正意義？最多不過是一個不自檢束品行散亂的陋儒罷了。

以上論述了荀子之教育觀首重聖王和師道，並強調學習並實踐「禮憲」，才是儒家學子所以飽讀詩書的基本規範。荀子的教育和讀書之態度和方針，與孔孟是一樣的，都是道德倫常之教，而非純然專業知識之教。此種道德理想主義的教育思想和實施，直至宋元明清的理學或心學時代，莫不如此。

（二）熊十力先生

清末西力東漸，在堅船利炮的衝擊之下，以專業科技知識為主軸和內容的西方教育體系，橫空撞入中國的教育殿堂。清末所謂「新學堂」，取代了傳統書院和廟學，而成為以「見聞之知」為教學主旨的新式教育，傳統兩千多年的以「德性之知」為中心的德教，從此崩解。

在此種大變局的情勢下，中國儒者才有所謂「讀經」與否的爭論。當代新儒家宗師熊十力先生因親歷「五四新文化運動」，他目睹「全盤西化論」之影響下，中國士人習氣墮毀，更有鄙薄敵視儒家經典之巨潮，國人幾乎喪亡立國立家立身的靈魂，故乃大聲呼籲國人不可忘記本根，須立足《六經》，須重返儒家經典的教學，中國人方足以立乎天地世界之上而頂天立地為人。所以，時值中國全民對日抗戰的民國三十三年（1944）之風雨如晦雞鳴不已的艱難時期，他撰有《讀經示要》一書，冀望喚醒國人的民族文化之良知，而能體踐儒家《六經》的研讀和教學之重要性。

熊先生在書中有云：

> 自庚子亂後，吾國見挫於西人，即在朝在野守舊之徒，疇
> 昔自信自大之念，已一旦喪失無餘。是時思想界，一方面
> 傾向排滿革命，欲移植西方之民主制度於吾國，一方面根
> 本詆毀固有學術思想，不獨《六經》束高閣，且有燒經之
> 說。而章炳麟作論文，甚至侮孔子以政客。諸名士所以導
> 引青年學子者如是。〔……〕辛亥之役，武昌一呼，而清
> 廷崩潰。雖國體更新，而士習學風，一切如遜清之舊，且
> 其壞習日益加甚。舊學既已棄置，新知無所追求。[40]

清末西方帝國主義的入侵，不止於軍事、經濟的猾夏而已，因為
現代化下的西方列強，並非中國原來的天下秩序下的「四夷」。
邊疆民族進入中原，往往入中國而中國之，被華夏民族的人文漸
次同化。但是清朝遭遇的此種歐洲列強，卻是新式的全球國際秩
序下的另一種文明型態，它是與中華文明相對等的，且是邁入現
代的有力量的傾向對外擴張殖民之文明，因此，積弱的清朝時期
的士子，無力抵拒此種新典範的文明體之思想學術，浸假久之，
甚至反過來厭惡自己傳統的人文經典而返身擁抱歐西思潮，故鄙
視《六經》，詆罵聖人，乃至一切傳統價值皆讒棄之，遂使知識
分子丟光了原本安身立命的常道，然而卻又無法吸收現代化之知
識和思想，故清末民初的中國士人，就是熊先生所指的一大群
「壞習日益加甚」的廢物。熊先生痛責諸名士依附袁世凱，「走

---

[40]　熊十力：《讀經示要》（臺北：明文書局，1987），頁12。

方鎮，招朋黨，」學校徒有虛名，並無講習之事，人人也不重視學校。所以，他說：「民國肇建，上無禮，下無學。」[41]一個國家上下皆無禮無學，焉能不敗？古聖先賢既有明訓，而民國大儒的熊十力先生見到的敗壞士習學風，乃與歷來衰亡的末世朝代，並無兩樣。於是熊先生回顧兩漢，嘆美兩漢經學興、士習好、俗醇厚，他說：

> 昔漢氏方興，四皓抗高節於窮山，高帝禮聘不至，而不敢迫也。所以全士大夫之節，而培學脈，存國命也。其意念深遠矣。繼以文、武、明、章，表章經術，終兩漢之世，經學昌明。諸大師講舍遍郡國。一師之門，弟子著錄，多至千萬人。漢治之隆，至今為歷史輝光。豈偶然哉？[42]

漢朝以經學立國，故兩漢是儒家《五經》為國家教育的主體，也是人文、意識、心靈的大方向。熊先生所說漢世的經學昌明而士風醇厚敦篤，確是實史。而其實，中國自漢以經學建立國家文化命脈之後，中國人的基本政制、禮法，就是儒家典範，縱許是佛學流行的時代，中國人的家族規章和政府制度，都不曾改變，一直均是儒家《五經》的思想而發展延續者。

相對於兩漢，其實也可包括宋明時代，從經學傳衍發展而興的理學心學，都是中國人的人文、心性的骨幹，是中國人之所以為中國人的內在核心。這個基本性，是從研讀儒家大經大法並依

---

[41]　同上注，頁 12-13。
[42]　同上注，頁 13。

此來教化天下士子而深層建立起來的。

　　然而，清朝畢竟將這個悠久文化傳統斷絕了。熊十力指明其中原委，他說：

> 嗚呼！學之絕，才之衰，俗之蔽，何遽至是。吾幽居深念，未嘗不太息隱憾於清儒之自負講明經學者，實所以亡經學也。夫清儒治經，正音讀、通訓詁、考制度、辨名物，其功已博矣。若其輯佚書，徵考古義，精校勘，訂正偽誤，深究語言文字之學，而使之成為獨立之學科，其嘉惠後學固不淺。吾於清儒長處，何可否認。然而責以亡經學者，此必有故矣。[43]

熊十力先生指出經學亡於清儒之手，他說清儒治學的長處在於音韻學、訓詁學、考據學、校勘學、版本學、語言學等，這些清儒之學，其實就是「見聞之知」之學，是對於儒家經典之文字、讀音、版本等外在性而求索的外延知識之學問，但卻與「德性之知」的道之智慧沒有關係。有清一代所謂「漢學」，真正是「買櫝還珠」，將珍寶賤變成朽木糞土，以形式似有獨立性知識的此種後人稱之為「樸學」之清儒之學，而把孔孟之道變成外在無生命之物件，而喪失了孔孟之道中活生生地與生命、文化、生靈直接密切相關的仁義。

　　熊先生再曰：

---

[43]　同上注，頁14。

　　清儒所從事者，多為治經之工具，而非即此可云經學也。
音讀正，訓詁通，可以讀書。而書不盡言，言不盡意，夫
子繫《易》已自言之。學者求聖人之意，要當於文言之
外，自下困功。所謂為仁由己，與仁者先難而後獲是也。
必真積力久，庶幾於道有悟，而遙契聖心，否則只是讀
書，畢竟不聞聖學。顏習齋曰：「以書為道，其距萬里
也。以讀書為求道，其距千里也。」孰有智人，疑於斯
言？而戴震曰：「經之至者，道也；所以明道者，其辭
也；所以成辭者，字也。必由字以通其辭，由辭以通其
道，乃可得之。」固哉斯言！惡有識字通辭，而即可得道
乎？[44]

　　熊先生此一大段評斷，可謂是振聾發瞶之雷震。誦讀研究經典，
是透過經籍而深入其超越書本文字的那個恆常之聖人之道，也就
是從經文中體證自己本有之的仁心德慧。熊先生拿顏元和戴震作
一對比，乃可看出清初的顏元固然激烈地反空疏之心學末流，而
主張實用主義之儒學，其思想不免有偏激處，但他依然把握住儒
家教學主旨本在直求聖人之道，那就是內聖外王的內外合一而踐
履於經世濟民之孔孟本質。讀書是一橋樑，從此岸走過去而達彼
岸，才是目的。可是到了稍後乾嘉考據學興起，戴震就糊塗而以
橋樑為終點，居然以為在橋上停止，就是抵達彼岸。這就是清以
降中國士子最大的迷障。剋就清儒之忘卻大本大根的讀書和研究
的流弊及乎當代之大病痛，熊先生有如下之言：

44　同上注，頁 14-15。

迄至今日，學不務實，但矜所托以為高，此種氣息，流衍
彌甚。昔托鄭許，今更托西洋，而漢學之幟，則且托科學
方法以益固。〔……〕夫標榜甚者，內力弱之徵也。內力
弱，則無以自樹；無以自樹立，則益思有托於外。由清儒
之風，而必至於今日浮偷無可自立，蓋無可挽之勢也。夫
有清二百餘年之學術，不過拘束於偏枯之考據，於《六
經》之全體大用毫無所窺，其量既狹礙，其識不宏通，其
氣則虛浮，其力則退縮。〔……〕蓋學絕道喪之餘，欲得
一二敦大寬博、樸實雄厚、真知實見之儒，以導引新興之
社會，而端其趣、定其向，使無盲人瞎馬、夜半深池之
患，是固不可得也。

夫草木之生也，必水深土厚以養之，而後其生蕃焉；人而
欲為成德之人也，豈可恃膚雜知識，以成其為人哉？非含
茹於經義至深至遠，而可以開其神智，堅其德性，涵養其
立我蒸民之願力者，吾未之敢信也！〔……〕

嗚呼！自清儒講經而經亡，清之末世，迄於民初，其始
也，假經說以吸引西學，及西學之燄漸熾，而經學乃日見
廢棄，甚至剗死體。[45]

熊先生於此有雙重的感喟，其一是對於清考據學之喪失儒學儒教
的常道慧命，發出其慨嘆；其二是對於清末民初以迄於今的中國
之「西化主義者」或「全盤西化主義者」之從激進偏頗的反儒反
傳統之氣燄進一步而在國家教育體制上，實質地敗壞國家民族的

45　同上注，頁 17-19。

常道德教。在此雙重的衝擊下，中國人，主要是指菁英知識階層，或許學得雜亂無體的外在浮泛淺薄的知見，但卻根本失去了應該具足的民族文化的意識以及做人宜有的四端本心及此良知發用的五倫踐履。

熊先生是親身經歷了民初五四新文化運動的反中國傳統和反中國常道的狂飆之襲捲狂吹華夏民族的精神、心靈以及禮憲建構而成的文化家園，熊先生撰述《讀經示要》時，正值中國艱苦對抗兇殘日寇之際，其時，華族數千年之文明國度，幾乎就要徹底滅絕，故其心甚痛而其言甚厲，他在序言中結尾處有那麼一段感天動地的文句，熊先生興大悲嘆而曰：

> 如上三講，結集成書。肇始於六十攬揆之辰，畢事於寇迫桂黔之日（甲申正初起草，迄秋冬之際而畢。）念罔極而哀悽，痛生人之迷亂。空山夜雨，悲來輒不可抑。斗室晨風，興至恆有所悟，上天以斯文囑余。遭時屯難，余忍無述。嗚呼！作人不易，為學實難。吾衰矣！有志三代之英，恨未登乎大道。（言未能登斯世於大道也。用顧寧人語。）不忘百姓之痛，徒自托於空言。天下後世，讀是書者，其有憐余之志，而補吾不逮者乎！[46]

現代以知識見聞之學習為其全量本質而建立的教育體系，養出的現代知識人，由於心無常道慧命，而永不可能會像熊十力先生乃至歷代真正儒家一樣，能夠「痛生人之迷亂」，他們的俗心永不

---

[46] 同上注，《讀經示要·自序》。

能感觸百姓之痛，也不能擔負「登斯世於大道」的天責。熊先生發出此千古浩嘆，而其傑出弟子牟宗三先生面臨這個缺乏道德倫常之教化的當代，他也痛責此是一個「無理、無體、無力」的扁平蹋陷之時代。言之痛矣！

五、結論

朱子終其一生，最重書院的儒學儒教，他除了注釋經典之外，同時也著作，也教學。朱子是一大師儒典型，從他往上溯源，直至孔孟荀原始儒家，往下匯流成大江巨河，直至當代新儒家，都有一個與朱子同樣的精神和實踐，就是經典研讀和教學，其主旨在於人民的道德倫理之培養，從仁心發源而實現於日常生活並擴德推恩而將仁義之道落實普化於天地之間。

這是一種「道德理想主義」的教育觀以及此種教育之施行。如同熊十力先生深感憂痛者在於此種傳承兩千幾百年的中國特殊的教學傳統，從清之樸學對經典常道之斬絕開始，而又加上西方知識之學的入侵宰制，培育弘揚仁心慧命的此種經典之教，在現代中國，遭遇空前之衝擊，其危機困頓，仍然存在，甚至更加為烈。然而，縱然艱難，當代新儒家卻永無氣餒，依然以其剛健之德來護持儒家常道之經典之教化傳統。熊十力另一位傑出弟子徐復觀先生曰：

> 從十九世紀末以來，唯物主義與社會關係說，極盛一時，人們總是在物的上面，在社會的環境中，去求問題的解決。所以倫理學道德學，在二十世紀是一個冷門，是一個

不景氣的學問。薛維徹（Schweitzer）在其大作《文化之
沒落與再建》中，認為文化的本質，是倫理的道德的東
西。認為文化的興衰，存於各個人各國民的心的狀態。他
自己知道這種看法，是冒著使他陷於孤立的危險。這正說
明現代的風氣。而在中國，近三百年來，先以考據而打宋
學，後因反道德、反禮教而打宋學。而宋學的本身，正和
其他的偉大宗教、偉大道德學派一樣，是要通過人的實踐
才能理解接近的。[47]

我們今日應重視孔孟荀一路而來的大儒之喚醒啟發道德心性之德
教，感通於朱子、熊十力先生以至於徐復觀先生之無窮大悲願，
必須以剛健不息的實踐力，在誦讀和教學經典的路途中，重建儒
家道德理想主義的仁義禮憲。

再修正於天何言齋 2018/10/16

---

[47]　徐復觀：〈與程天放先生談道德教育〉，收入氏著《學術與政治之間》
　　　（新版）（臺北：臺灣學生書局，1980），頁 68。

貳　朱子建立庶民社會的禮制
──《朱子家禮》的意義

一、前言

　　兩宋之前，禮制多有貴族之風，而不及於庶民社會。北宋大儒始有禮下庶民的論述施作。此在二程、張載等大儒的語錄和著作中，已有載記。張載弟子關中藍田呂氏更制作鄉約，作為其鄉莊的基本文禮生活的規範，世稱《呂氏鄉約》。迨至南宋，朱子則是真正建立庶民社會禮制的大儒，因為其後八百多年以來，中國的庶民之一般的文禮生活之規矩，大體都是循朱子的思想觀念學術著作而來。

　　民國以來，中國急速邁入以西方文明為主流的現代化世界，菁英階層以及大都會地區，很多生活價值和心靈精神多受歐美影響，而自身傳統禮樂文統大量失落。然而，縱許臺灣深受資本主義西化思潮洗刷，傳統文化觀和價值觀流失嚴重，大陸則經歷文革反傳統反儒家的災難而禮崩樂壞，但從孔孟荀始建而又由朱子再創的禮制，卻在兩岸的民間社會延續護持下來，並無斷滅，其元氣始終存在，仍然是中國庶民的人文生活和生命的定盤針。但是無可諱言，現代化浪潮的衝擊力甚為強大，吾人若無警覺，以為儒家傳統禮樂文統，可以不在吾人的積極關切並與時調適下，

它可以一直穩健永續，那將是非常危險愚昧的。儒家常常告訴國人必須時存憂患意識，而以戒慎恐懼之心來面對處理世事，否則衰亡傾覆就會到來。

　　朱子的禮學之弘揚和善用，是兩岸當前最重要的社會文教實踐，然而，朱子在庶民之禮制文統的建構中，又最重視「齊家之道」，故多有關於家禮的論述，甚至還編著了一本《家禮》，影響後世極深。

二、孔子首重「家道」

　　孔子重視家庭之道，家須有禮，而家中的禮制文統是什麼？子曰：「弟子入則孝，出則弟，謹而信，汎愛眾，而親仁，行有餘力，則以學文。」（《論語・學而》）孔子首重家道，家是人之倫理中心，其核心就是孝弟，從家向外推出，如同漣漪，逐層把仁德外推。朱子的集注注釋此章，惜乎將重點擺到最後的「行有餘力，則以學文」，似乎忽視此句話的主旨其實是在家庭的孝弟之道。今人蔣伯潛就解釋得很好。蔣氏說：

　　「弟子」對兄父而言，指青年為弟為子者。故《儀禮・特牲饋食禮》注云：「弟子，後生也。」〔……〕孝，專對父母言；弟，則對兄及其他長於我者而言；故曰：「入則孝」，專指在家；「出則弟」，兼指對外。又《禮記・內則》云：「異為孺子室於宮中。」「入」，指由己室入父母所居之室。又云：「十年，出就外傅。」「出」，指就

傳而言。[1]

青年為人之子或弟者，就是「弟子」。弟子對父母應孝，對兄以及長者（古代大家庭，則長者包括姑嫂伯叔），則須悌（弟）。孝弟之道，是儒家實踐道德倫常的基礎或出發。因為在家庭而言孝弟，所謂「入則孝」，意指為人子者，宜天天向父母晨昏定省，須親自照顧父母，故「入」之意，就是指進入父母起居的房間。而所謂「出則弟」，則是在家中的父母房外，會有兄長，故出在父母房之外面，於家庭之其他房間，如客廳、廚房、廂房、倉庫、田園等，則為人之弟或晚輩者，則須恭順尊重兄長。當然，孝弟是言行，但其根本則是自己本有的仁心。而若連著受教言，則此孝弟之道，就是身為學生應有的尊師重道。

　　《論語》一書中多有孔子論孝道的載記，可證孔子非常重視家道的實踐。而從《論語》之中一個章句，亦可見到孔子甚至以家道的治理，就是一種為政的表現，此章所言，蓋即《大學》中所說的「家齊而後國治」之觀點的濫觴。該章句如此：

　　或謂孔子曰：「子奚不為政？」子曰：「《書》云：『孝乎惟孝，友于兄弟。』施於有政，是亦為政。奚其為為政？」[2]

此章，朱子注釋曰：「定公初年，孔子不仕，故或人疑其不為政

1　蔣伯潛：《新刊廣解四書讀本》（臺北：商周出版社，2016），頁100。
2　《論語・為政》。

也。《書》，《周書‧君陳篇》。《書》云孝乎者，言《書》之
言孝如此也。善兄弟曰友。《書》言君陳能孝於親、友於兄弟，
又能推廣此心，以為一家之政。孔子引之，言如此，則是亦為政
矣，何必居位乃為為政乎？〔……〕」[3]按君陳是一士大夫階
級，奉命守邑。《周書》頌其能孝弟又能善治其貴族之家，意思
是治家以孝弟出發，治國何嘗不然？船山論之更加詳實，他說：

> 夫仕不仕，酌之聖心。〔……〕乃在聖人，則仕而有仕之
> 道，不仕而有不仕之道，隨在而盡其天理之當然，
> 〔……〕夫為政有為政之道，亦患夫未盡夫道耳，何疑於
> 出處之際哉？《書》以道政事，其所云者，非窮居潔己之
> 學，而正身率物之理也。乃未嘗取兵、農、禮、樂而詳言
> 之也，而不見其重言夫孝乎？其亦以是為人治之大，而定
> 邦家以消犯亂之本乎？[4]

船山指出孔子是聖人，他可以仕可以不仕，此即孟子說孔子是
「聖之時者」之義。儒家的為政之方是盡其天理，只擔心自己的
為政是否合乎天理，而根本不在乎出處之有無。船山也闡明儒家
的政治倫理，不是窮居潔己，而是正身率物，雖然包括了兵農禮
樂等統合一起的公眾事務，但其核心卻是在家中事奉父母的孝
心；孝才是安邦定國的根源。

---

[3]　〔南宋〕朱熹：《四書集注‧論語‧為政》。

[4]　〔明〕王夫之：《四書訓義》（上），收入《船山全書》（第七冊）
　　（長沙：嶽麓書社，1996），頁310。

> 君陳之尹東郊也，稱其德以命之曰，唯汝君陳，能孝於親，友於兄弟。孝友而即可以任牧伯之責，則為牧伯而但勤孝友之行，非略於事君治人，而僅保其□□之寡過也。且以是孝友之德施之於家，至和而無爭，至順而無逆，言皆順也，事皆成也，則一堂之內，父父子子兄兄弟弟，教立而治行矣。由《書》言思之，古之君子所以表正萬方，聯合百姓者，此而已矣，是亦為政矣。[5]

船山繼續闡揚，君陳之所以可以出任東郊之令尹，主要理由是他「能孝於親，友於兄弟」，在君陳、在孔子以及在船山，必都有一樣的觀點，就是一位可以從事牧伯之政道者，他的德和能之保證，是於家中可以且已經實踐了孝弟之德，而表現了父慈子孝、兄友弟恭的和樂融洽之家道，如此，才能出而安邦定國。

> 則我（按此我指孔子）今日者，亦內而求諸心，外而盡其事，道殊未盡也，盡之已耳。盡之而天秩天敘之不忒，即禮樂刑政之精意具於一室之中，奚必出而圖君以有所為也，而後為政哉！〔……〕
> 〔……〕古帝王所以治天下之本，實不出於此理。而曰孝、曰友、曰施、曰有政，則雖不仕，而自與隱逸之士廢大倫以潔其身、務耕芸以廢人事者，相為懸絕。此聖人之言所以無往而不有至理之咸具也。[6]

5　同上注，頁310-311。
6　同上注，頁311。

船山最後指出孔子告訴弟子一切理想倫常的施行，是內求仁心，而由仁心向外推展，盡天秩天敘而不出差錯，在家中的家道也是禮樂刑政的充分治理。若能出仕，其仁德的踐成，是如同孝弟之家道一樣的，平治天下的基本道理，實即此孝友施於有政，此處即儒家與隱逸避世逃人的道家之徒有天淵的大差別。

三、朱子論「家齊而後國治」

《大學》論齊家治國，有曰：「所謂治國，必先齊其家者。其家不可教，而能教人者，無之。故君子不出家而成教於國。孝者，所以事君也；弟者，所以事長也；慈者，所以使眾也。《康誥》曰：『如保赤子』，心誠求之，雖不中，不遠矣。未有學養子而後嫁者也。」此段《大學》章句，明白講出儒家的治國觀，在於齊家是治國的前提性或優先性。當然，在此之所謂「家」，指的是諸侯之家，意思是為諸侯國的國君，若自己的貴族之家族沒有治理好，則怎麼能有足夠或充分的道德、學問以及能力來治理好諸侯國？同樣，此「家」，亦可指「士大夫之家」，其道理亦是一樣。但，若就儒家的道德倫常之教化而言，孔子是著重在庶民教育的，所以，把此章句普化於廣土眾民，就是每一個人，由天子以至於庶民，都一視同仁，而須治理好家，才能談得上把國治好，而此把家治理好的「齊家」，其前提是個人的正心誠意修身。換言之，齊家治國是道德踐履的階段，而且是全民的同一性。然而，家的道德倫常的實踐，無論是古代的貴族之家或是後來的士子官宦之家以及於庶民社會的一般家庭，都是實現人文教化和禮樂文統的樞紐。朱子注釋此句，曰：

> 身修，則家可教矣：孝、弟、慈，所以修身而教於家者
> 也；然而國之所以事君事長使眾之道不外乎此。此所以家
> 齊於上，而教成於下也。此引《書》而釋之，又明立教之
> 本不假強為，在識其端而推廣之耳。[7]

朱子提出齊家之道在於孝、弟、慈的德行，這三者是行仁之端，所言家庭中的教化，其實就是仁之家庭教育與實踐。他認為為政者治理國家，道理和方針亦不外乎此，即以仁道治國，在實作的端緒上，也是孝、弟、慈。因此，朱子如同古儒，非常重視家道的充分實現，主張家齊才能國治，國家對全民的教化也自然是從家道推拓出來的國民之倫理教化，即仁教，亦即孝弟慈的五倫之教。

　　朱子傳承孔孟以及先秦儒家的家道觀點，在《朱子語類》中記有師徒的對話討論。吾人試依此再予以釋明。

> 或問「不出家而成教於國」。曰：「孝以事親，而使一家
> 之人皆孝；弟以事長，而使一家之人皆弟；慈以使眾，而
> 使一家之人皆慈，是乃成教於國者也。」
> 只是身修於家，雖未嘗出，而教自成於國爾。
> 「孝者所以事君，弟者所以事長，慈者所以使眾。」此道
> 理皆是我家裏做成了，天下人看著自能如此，不是我推之
> 於國。[8]

7　朱熹：《四書集注・大學》。

8　朱熹：《朱子語類・大學三・傳九章釋家齊國治》，收入《朱子全書》，第十四冊（上海：上海古籍出版社，2002），頁549。

朱子指出家道若能孝弟慈，則國內每一家的人們都能行孝、行弟、行慈，則國人都是實踐仁義而有禮樂教養，如此，就是全國都能普及道德倫理之教化。家道推展而至國，則孝德必能事君，弟德必能事長，慈德必能使眾，所以家既齊矣而國亦自然隨之治矣。

　　朱子提出的家齊國治觀，是儒家的德教與德政一貫的傳統政教觀念。當然，儒者並非單純以為家的結構與國的結構一樣，事實上，朱子以及歷代諸儒不會不明白治家和治國，有兩種不同的層次，譬如家族長需考量思慮的是他們的田地生產、子弟的教化、宗祠祖墓的祭祀、族人之間的和睦關係以及族人身體的健康情形，然而國家就必須有內廷外朝整體的政府處理吏戶禮兵刑工等六部的複雜國政。《大學》和朱子的家齊國治的論述，其實是規約地說出一種觀點，即：家與國的存在、發展和剛健，其關鍵並不在於外衍的器物、制度的結構運作，固然它亦是重要的，唯只是充分條件，道德倫理的立家和興國，才是必要條件。朱子或儒家認為家國的物質性和制度性，若是簡單素樸些，不會有危機困頓問題，世界各國不就如此？大國結構複雜而小國結構簡單，但是如果國人從君王至庶民皆無道德教養，粗鄙卑賤、無禮缺德，然則，此種家國，不論大小鮮有不敗亡者，或快或速終必崩滅。

四、《近思錄》的治家觀

　　朱子與呂祖謙共同編輯了一本提供給學子進德修業的教科

書，名為《近思錄》，[9]其中有一章是談「家道」的，裏面特別引程頤和張載的話語，本文謹徵引程伊川的話語來予以簡略陳明，由此可以見到朱子之重視家道，其實已由北宋大儒開其端緒。

> 伊川先生曰：「孟子曰：『事親若曾子可也。』未嘗以曾子之孝為有餘也。蓋子之身，所能為者，皆所當為也。」[10]

伊川引孟子的話，以曾子作為儒家至孝之典範，曾子的孝道，在儒家，是盡孝充其極矣，為人子之事父母，其極盡其心與力，是沒有餘裕的，亦即須是完完全全地實踐的。其意思是家道的實踐，在於如曾子一般地盡孝道。換言之，家道的根本精神何在？就在於孝。然而，雖然此句只說孝，而其實既說孝矣，必包括弟也，故孝弟連為一詞，上下前後同為一事。

> 人之處家，在骨肉父子之間，大率以情勝禮、以恩奪義。惟剛立之人，則能不以私愛失其正理，故〈家人〉卦，大要以剛為善。[11]

9　《近思錄》雖然是朱子和呂東萊在寒泉精舍共同編輯而成，但其主體乃是朱子。其後，呂氏東返，而此書稿，仍由朱子持續完成。見潘朝陽：〈《近思錄》從傳統到現代的文化意識〉，《沈思儒家：儒學儒教的鈎深致遠》（臺北：臺灣學生書局，2017），頁 203-218。

10　朱熹：《近思錄》，卷之六，收入《朱子全書》，第十三冊（上海：上海古籍出版社，2002），頁 227。

11　同上注。

伊川指出一般家庭的弊病在於骨肉親情，多有由於夫婦父子兄弟的恩情之私，而易於不顧禮義，所以往往有包庇掩藏扭曲事理道義法規等現象。只有以剛健之心為德之君子，才能由正理而行，故不致於在治家中喪失道義。伊川說「〈家人〉卦，大要以剛為善」，其釋之曰：

> 〈家人・上九・爻辭〉，謂治家當有威嚴，而夫子又復戒云，當先嚴其身也。威嚴不先行於己，則人怨而不服。[12]

查《易・家人》，其〈彖辭〉曰：「家人，女正位乎內，男正位乎外；男女正，天地之大義也。家人，有嚴君焉，父母之謂也。父父、子子、兄兄、弟弟、夫夫、婦婦，而家道正，正家而天下定矣。」由〈家人・彖辭〉可知儒家重視家庭中的父子夫婦兄弟之道德倫理，而提出父母應有威嚴之道，則家之倫常正，如果天下之每一家庭倫常正，則國必能安定。此種精神，見乎其〈上九・爻辭〉：「有孚，威如，終吉。」而其〈小象〉則曰：「威如之吉，反身之謂也。」關於〈上九〉的爻辭，易學家朱維煥詮釋曰：

> 「有孚」，誠信也，則言有物、行有恆；「威如」，家道之盛也。故終吉。家道既見大盛，而作易者每以憂患存心，而默察其反復之幾。故當家道大盛之時，則物極必返

---

[12] 同上注，頁 228。

之勢、盛極將窮之幾伏焉，於此亦有是戒乎。[13]

朱維煥指出家道以誠信為核心，若有誠信之家道，則此家庭必能興盛，而又再警惕，必須常存憂患意識，切莫在家道盛時忘卻了誠信之道，否則家必由盛而衰。朱氏的詮釋與伊川的說法，相符應而一致。

而對於〈上九〉的爻辭之象辭，朱維煥則注釋曰：

> 家道大盛，咸如之吉，蓋反復之幾伏焉，故曰「反身之謂也」。《孟子・盡心篇》曰：「反身而誠。」誠則天可變，地可變，而此志不渝也。[14]

依此，家道的護持，是反身而誠的恆常功夫，家人須以誠信養身心而維持家庭之剛健之德，特別是父母更須以誠來嚴身以為表率。則家道必能興盛。誠就是仁，也就是天道天理。

> 問：「《行狀》云：『盡性至命，必本於孝弟。』不識孝弟何以能盡性至命也？」曰：「後人便將性命別作一般事說了。性命孝弟，只是一統底事，就孝弟中，便可盡性至命。如灑掃應對，與盡性至命，亦是一統底事，無有本末，無有精粗，卻被後來人言性命者，別作一般高遠說。故舉孝弟，是於人切近者言之。然今時非無孝弟之人，而

---

[13] 朱維煥：《周易經傳象義闡釋》（臺北：臺灣學生書局，1993），頁271-272。

[14] 同上注，頁272。

不能盡性至命者，由之而不知也。」[15]

伊川批評許多儒者把性命之理說得非常虛玄高妙，變成一種形而
上學的觀念遊戲之空論。但儒家是從道德倫理的實踐以及日常生
活的具體中來體證性命和天道。此出發點就是家道中的孝弟。伊
川的意思，在《論語》中早已提出，有子曰：「其為人也孝弟，
而好犯上者，鮮矣。不好犯上，而好作亂者，未之有也。君子務
本，本立而道生；孝弟也者，其為仁之本與！」[16]有子的話語，
不那麼達辭，其實，若一位盡心致力於孝弟之道者，他是不會違
禮犯上、違法作亂的。因為孝弟之踐行就是由仁義而行，他就是
守道遵德的君子，充盡其量，他就是聖人。而此成聖成賢的人生
性命境界，是從家道中的孝弟為發端和保證的。伊川詮釋說：
「德有本，本立則其道充大。孝弟行於家，而後仁愛及於物，所
謂親親而仁民也，故為仁以孝弟為本；論性，則以仁為孝弟之
本。〔……〕行仁自孝弟始，孝弟是仁之一事，謂之行仁之本則
可，謂是仁之本則不可。蓋仁，是性也；孝弟，是用也。性中則
有個仁義禮智四者而已，何嘗有孝弟來？然仁主於愛，愛莫大於
愛親，故曰孝弟也者，其為仁之本與。」[17]伊川點出孝弟是習
仁、踐仁的基礎功夫，仁道是本體，而孝弟則是仁之發用，且是
最根本根源的發用，它是仁的愛之實踐，從愛親來得其實證和貞
定。

---

[15]　同注 10，頁 228。

[16]　《論語·學而》。

[17]　北宋程頤詮釋有子論孝弟也者為仁之本與。程子此言，朱子收入《四書
集注·論語·有子言孝弟章》。

　　由上論述，從朱子往上溯及程頤，他們都同樣重視家道的道德倫常，而其核心就是家庭中父母的誠嚴之儀則以及子弟的孝弟之實踐。而無論是南宋朱子或北宋程子，他們的家道觀，事實上乃是源於孔孟原始儒家，此是一貫之傳統。

五、朱子的《家禮》

　　儒家的仁體之實現，在家道中，由上所述，是通過孝弟和嚴誠之道德倫常之具體施行，才有真實性。具體施行，不能無一套客觀架構，否則必落空或浮濫。此客觀架構是禮制文統。古有《禮經》，即《禮記》、《儀禮》、《周禮》，其中所記，是古代君王、貴族的國政、家族的禮樂規範，使封建體制能夠通暢存續。

　　隨著歷史更迭演進，宋以後，禮漸漸下降於庶民社會，而已不再單純屬於統治階級之壟斷性文制。朱子是在此歷史人文的落實普及大潮流中的積極性、健動性、創造性的大儒。他關心並投身於庶民社會之禮制文統的創造和規劃。本文茲就其《家禮》而有所明之。

　　今人王燕均、王光照在校點《朱子家禮》一文中，說：「《家禮》一書，可以說是朱熹在禮學方面影響範圍最廣、接受人群最多的著作。」[18]此書所以對禮學影響最廣，且接受的人最多，乃是因為菁英得依據朱子之禮書來施行日常和節日之禮規，

---

[18]　王燕均、王光照：〈家禮‧校點說明〉，收入《家禮》，《朱子全書》，第柒冊（上海：上海古籍出版社，2002），頁857。

而且庶民亦可據之來建立推行自己的家族、家庭以及個人的禮
文。王氏說：

> 朱熹此處的「家禮」，與他在《儀禮經傳通解》中所闡釋
> 的「家禮」是有所不同的。它不是那種傳統意義上專用的
> 「貴族之禮」，而是通用于整個社會的、更多地考慮到社
> 會普通家庭的「庶民之禮」。[19]

依此，朱子的《家禮》之內容和精神已然庶民化，是八百年以
來，中國人之民間社會之基本禮儀禮規。

> 唐五代以後，世俗民風多為釋道二教所浸淫，儒學在民間
> 的地位不免因之而削弱。儒者要想改變這種狀況，就不得
> 不放棄「禮不下庶人」（《禮記‧曲禮》）的古制，將原
> 屬上層社會的儒家禮儀世俗化和平民化，推廣至民間。前
> 此，司馬光即撰有《書儀》一書，為家禮的世俗化開了先
> 河。然而司馬氏之書對古禮的刪削卻頗為有限，故難以通
> 行至閭里。朱熹有感于此，便以其書為底本，復加刪削，
> 成《家禮》一書，《家禮》較之《書儀》，文字更趨簡
> 潔，節次也更為分明。[20]

此文指出唐五代以後，亦即北宋起始，儒學復振，且與以前不同

19　同上注，頁 858。
20　同上注。

處在於通過北宋儒家之自覺和努力，而將原屬統治階級貴族之禮加以解放並下落普及於庶民社會。為民間制立禮書之先行者是司馬光，然而由於初試，故其禮書未能有效普及，到南宋朱子，才以簡約文字和分明節次的編著，創作《家禮》，而達到庶民社會確實施行的功效。

> 《家禮》一書的出現，正順應了當時的儒者意在振興古禮以求自強的時代潮流，又由于其書所定禮儀皆于古有徵，且簡約易行，故很快便在社會上廣泛傳布。以至宋元以降，成為一般家庭和宗族公認的治家禮範和行為準則。[21]

王氏指出朱子創作的《家禮》，一方面於古有徵，一方面簡約易行，因此，很快就在庶民社會中流行傳播，朱子之後，《家禮》就是中國人的家庭和宗族的禮制文統的範本準則。謹依朱子本人的說法以明《家禮》的精神和意旨。朱子曰：

> 凡禮有本有文。自其施於家者言之，則名分之守、愛敬之實者，其本也；冠婚喪祭儀章度數者，其文也。其本者，有家日用之常禮，固不可以一日而不修；其文，又皆所以紀綱人道之始終，雖其行之有時，施之有所，然非講之素明，習之素熟，則其臨事之際，亦無以合宜而應節，是亦不可以一日而不講且習焉者也。[22]

---

[21] 同上注，頁 858。

[22] 〔南宋〕朱熹：〈家禮序〉，收入《家禮》，《朱子全書》，第柒冊（上海：上海古籍出版社，2002），頁 873。

朱子認為禮有大本亦有文統，其實施於家道，則「名分之守、愛敬之實」，就是那個「大本」，其實就是家道中的誠明和孝弟，也就是仁體。但是仁之大本，是必須具體顯現發用的，這個顯現發用，就是這個家道中的「文統」，它的分疏即「冠婚喪祭、儀章度數」。朱子指出禮制之在家道，其大本和文統，均必須修習講明。然而，朱子憂心傳統儒家的禮文，落實於庶民社會來加以實施時，可能有實踐之困難，此故何在？朱子曰：

> 三代之際，《禮經》備矣。然其存於今者，宮廬器服之制、出入起居之節，皆已不宜於世。世之君子，雖或酌以古今之變，更為一時之法，然亦或詳或略，無所折衷。至或遺其本而務其末，緩於實而急於文，自有志好禮之士，猶或不能舉其要，而用於貧窶者，尤患其終不能有以及於禮也。[23]

朱子說明古禮經是古代統治階級貴族之家的禮制，不合乎今之庶民之用。而亦有一些當代君子儒士嘗試創述制作社會大眾適宜之禮書，但大皆遺本務末、緩實急文，朱子認為根本不能有效行禮於一般清貧的百姓之日常生活。故乃有心創制庶民之《家禮》。

　　於是，朱子結論曰：

> 熹〔……〕嘗獨究觀古今之籍，因其大體之不可變者而少加損益於其間，以為一家之書。大抵謹名分、崇敬愛以為

---

[23] 同上注。

之本，至其施行之際，則又略浮文、務本實，以竊自附於
孔子從先進之遺意。誠願得與同志之士熟講而勉行之，庶
幾古人所以修身齊家之道、謹終追遠之心猶可以復見，而
於國家所以崇化導民之意，亦或有小補云。[24]

　　朱子創述修纂《家禮》的本旨，乃是盡心為庶民百姓提供一個可
以實行的禮書，在朱子之人文理想，是上追孔子禮學而願庶民得
以遵循家道的禮義，得以身修家齊，並且由此追懷往聖先祖之道
德倫理的風範和內容，而此種庶民的禮教，目的正是助益國家朝
廷的崇化導民的政教。換言之，朱子何以創述庶民之家禮，並盼
真切講習且予普及實作，此應是傳統儒家的治道之使命感在其心
中推動的。

　　觀諸《家禮》之目錄，共有五卷，第一卷：〈通禮〉、第二
卷：〈冠禮〉、第三卷：〈昏（婚）禮〉、第四卷：〈喪禮〉、
第五卷：〈祭禮〉。人自出生成長直至辭世，彼會經歷成人、婚
娶、死亡，故他必有冠、昏、喪、祭等人生性命的禮儀之門戶，
會親自參與。故禮對每人於其家庭之生活，其義大矣深矣。

　　〈通禮〉有三節，以「祠堂」最重要。而〈喪禮〉的內容和
規定則最繁複，表顯了對於人生的終點，儒家和朱子最以敬慎哀
悼之心臨之，此即「慎終追遠」之深義。〈祭禮〉也甚重要，中
國古代就已視祭典為國家大政，《左傳》有曰：「國之大事，在
祀與戎。」[25]祀就是祭典，祭天地鬼神，是古邦國的重禮，以鼎

---

[24]　同上註。

[25]　《左傳·成公十三年》。

和玉祭之，十分敬慎。孔子也非常重視祭祀，《論語》多有相關記載，如「祭神在，祭神如神在。」[26]又如「子入太廟，每事問。」[27]如「禹，吾無閒然矣！菲飲食，而致孝乎鬼神；惡衣服，而致美乎黻冕；卑宮室，而盡力乎溝洫。禹，吾無閒然矣！」[28]《中庸》也有記載孔子的祭祀態度，子曰：「鬼神之為德，其盛矣乎！視之而弗見，聽之而弗聞，體物而不可遺。使天下之人，齋明盛服，以承祭祀，洋洋乎如在其上，如在其左右。《詩》曰：『神之格思，不可度思，矧可射思！』夫微之顯，誠之不可揜如此夫！」[29]朱子與孔子一樣，甚重祭祀，亦重祠宇。其《家禮》，重庶民宗祠亦重庶民祭禮。本文僅就此兩者略以陳明。

朱子論「祠堂」曰：

> 祠堂，〔……〕今以報本反始之心，尊祖敬宗之意，實有家名分之守，所以開業傳世之本也。〔……〕使覽者知所以先立乎其大者，〔……〕古之廟制不見於經，且今士庶人之賤，亦有所不得為者，故特以祠堂名之，而其制度亦多用俗禮云。[30]

朱子建庶民祠堂，用意是根據原始儒家傳下來的宗教祭祀觀，即

---

26 《論語·八佾》。
27 同上注。
28 《論語·泰伯》。
29 《中庸》，第十六章。
30 朱熹：《家禮·通禮·祠堂》，《朱子全書》，第柒冊，頁875。

「報本反始、尊祖敬宗」之仁孝之心的慎終追遠的禮儀,而通過宗祠制度和祭祖活動,乃得以守護家道的名分,並以此而承祖宗之功業並開乎百世之傳而不衰微。祠堂的建立,朱子認為是庶民家道的禮制之大者,然而由於古代無庶民的祠宇,故只好多用俗禮來創設之。祠堂的規制,朱子如此設計:

> 君子將營宮室,先立祠堂於正寢之東。為四龕,以奉先世神主。旁親之無後者,以其班祔。置祭田,具祭器。主人晨謁於大門之內,出入必告。正至、朔望則參,俗節則獻以時食。有事則告。或有水火盜賊,則先救祠堂,遷神主、遺書,次及祭器,然後及家財。易世則改題主而遞遷之。[31]

上述即是朱子規劃的庶民祠堂,其空間構築以及人之在祠堂的活動舉措,時至現代,仍然大體如此。雖然有些與時或因地而有差異,譬如當代宗祠可能無祭田,而改成祭祀公會或祭祀公業(公嘗、嘗會)之定期會費,且祠堂位置不必是「正寢之東」,而可能是村莊中的最優的區位地點,但其祭祀的安排,如祠堂管理人每日晨夕必在祖先神主前行香謁拜,俗節亦必獻以時食,有事也必禱告於神主之前等等,皆如朱子之規約。

祠堂並非從朱子創造而才存在,郭志超和林瑤棋主編的《閩南宗族社會》一書,對於祠堂之淵源和發展,有所詳述。本文茲引其說加以介紹。

---

[31] 同上注,頁 875-879。

　　宋代司馬光對于祠堂的歷史變遷做了這樣的描述：「先王
之制，自天子至官師，皆有廟。君子將營宮室，宗廟為
先，居室為後。及秦非笑聖人，蕩滅典禮，務尊君卑臣，
于是天子之外，無敢營宗廟者。漢世公卿貴人，多建祠堂
于墓所，在都邑則鮮焉。魏晉以降，漸復廟制。其後遂著
于今，以官品為所祀世數之差。〔……〕唐世貴臣皆有
廟，及五代蕩析，〔……〕廟制遂絕。」[32]

上述徵引司馬光的敘論，傳統祠堂，其實是屬於統治階級和王公
貴族的祭典特權，漢與魏晉隋唐，皆是如此，並非庶民可得而
有。五代十國時期，所謂廟制遂絕，亦只是指此種只屬貴冑而不
與庶民的祠堂禮制。作者接著說：「從商代，特別是周代開始，
即有宗廟之祀，但那是天子、王侯和士大夫的特權。所祀之祖，
天子七代，王侯五代，士大夫僅三代。這種『權貴有等』、『禮
不下庶人』的禮制規定，一直延續到唐代。《通典》卷四十八的
〈諸侯、大夫、士宗廟〉條下，以『庶人祭寢』作為附注。所謂
『庶人祭寢』，即平民祭祀祖先之所，只限于寢室，一般只能祭
禰（考。妣也附祭）。這種『禮不下庶人』的舊制遭到宋代新儒
學者即理學家的挑戰。」[33]依此，則祭祖之禮制，真能普及於庶
民社會，是宋以後的發展。

　　按「庶人祭寢」的「寢」，並非今之寢室（臥室）之義，而
是家屋的正廳正堂，而禰祭也者，即是祭祀先考，當然先妣也一

32　郭志超、林瑤棋：《閩南宗族社會》（福州：福建人民出版社，
　　2008），頁60。

33　同上注，頁60-61。

起祭祀。程伊川與司馬光是一樣的，亦重視祠堂祭祖。他說：

> 冠昏喪祭，禮之大者，今人都不以為事。某舊曾修六禮。
> 〔……〕家間多戀河北舊俗，未能遽更易，然大率漸使知
> 義理。〔……〕每月朔必薦新，四時祭用仲月。時祭之
> 外，更有三祭：冬至祭始祖、立春祭先祖、季秋祭禰。他
> 則不祭。冬至，陽之始也；立春者，生物之始也；季秋
> 者，成物之始也。
>
> 祭始祖，無主用祝（筆者按：不立神主，只唸祭文），以
> 妣配於廟中，正位享之。祭先祖，亦無主；先祖者，自始
> 祖而下，高祖而上，非一人也。〔……〕常祭止於高祖而
> 下，旁親有後者自為祭，無後者祭之別位。〔……〕忌
> 日，必遷主，出祭於正寢，蓋廟中尊者所據，又同室難以
> 獨享也。家必有廟，廟必有主。〔……〕豺獺皆知報本，
> 今士大夫家多忽此，厚於奉養而薄於祖先，甚不可也。
> 〔……〕葬只是藏體魄，而神則必歸於廟，既葬則設木
> 主，既除几筵則木主安於廟，故古人惟專精祀於廟。[34]

伊川有感於宗祠和祭祖之禮制不備，乃有上述的撰述和設計。規
定月之祭祀、四時之祭祀以及較隆重的「三祭」。且又規定祭始
祖至高祖，不設神主而唸祭文。高祖以下，也就是高、曾、祖、
考四世，則墓中葬其體魄，而其神則歸於廟，故設木主於祠堂

34　〔北宋〕程顥、程頤：《二程集・卷第十八，伊川先生語四》（一）
　　（臺北：漢京文化事業有限公司，1983），頁240-241。

中，所以四世祖先，則在祠堂中設神主並祝文而祭之。

　　郭志超和林瑤棋指出伊川的祭始祖的構想，是祠堂宗族制度的思想源頭。而朱子則是從孔子的人皆平等之觀點而打破貴族庶民的禮制文統的區隔，程伊川的祠堂祭祖之禮制，仍限於士大夫階層，未能普及於庶民社會，而朱子的《家禮》中的「祠堂」禮制，則已屬於全民皆可規劃建立的一套祭祖的文統。[35]

　　朱子將祠堂庶民化，並不只是著重建築物而已，在其中施行祭祖之禮，才是最重要的庶民家道的道德倫理教化。在《家禮》的第五卷，就是朱子撰述的〈祭禮〉，其中主體是祠堂祭禮，最後附以墓祭。前者又規定了「四時祭」、「冬至祭始祖」、「立春祭先祖」、「季秋祭禰」、「忌日之祭」等。在每一種祭祀之中，皆有一套禮儀程序，因為繁複，僅以「季秋祭禰」的禮儀程序介紹之。

　　　　季秋祭禰：
　　　　前一月下旬卜日。
　　　　前三日齋戒。
　　　　前一日，設位陳器、具饌。
　　　　厥明夙興，設蔬果酒饌。
　　　　質明、盛服、詣祠堂，奉神主出就正寢。（告辭：「孝子
　　　　某，今以季秋成物之始，有事於皇考某官府君、皇妣某封
　　　　某氏。」）參神、降神、進饌、初獻。（祝辭：「孝子某

35　郭志超、林瑤棋：《閩南宗族社會》（福州：福建人民出版社，
　　2008），頁 61-62。

官某，敢昭告於皇考某官府君、皇妣某封某氏，今以季秋
成物之始，感時追慕，昊天罔極。」）亞獻、終獻、侑
食、闔門、啟門、受胙、辭神、納主、徹餕。[36]

考今之庶民祠堂的祭祀，並無區分「三祭」，換言之，在祠堂中
是就始祖、先祖以及高曾祖考所有祖先而祭之，也簡化了一些程
序，然而以虔誠至敬之心，供奉祭品、恭唸祭文以及進行三獻禮
都是仍然具備的。其精神和大體，仍然如上引文的朱子的規劃設
計。

六、結論

　　朱子的禮學典範影響南宋之後八百多年的中國人上下層級之
禮制文統。就庶民社會言，朱子的蒙學、小學之思想觀點，支配
了孩童和少年的基礎教育，而他的禮學之思想觀點，則以《家
禮》一書，深透廣敷中國宋元明清以至今天海峽兩岸中國人，甚
至海外華人之家庭和宗族的禮制文統之日常生活規範。其中之
「祠堂」規制，因為連接著庶民的家屋、聚落之生活世界與禮俗
空間，所以對於中國人的社會文教和道德倫常，產生很深厚長遠
的影響。學者林曉平說：

　　宋代理學家的提倡，對民間祠堂的興建，起了一定的影響

---

[36] 朱熹：《家禮·祭禮·季秋祭禰》，《朱子全書》，第柒冊，頁 943-
944。

　　作用，加上「敬宗收族」，通過宗族來維繫地方的穩定，
　　也符合統治階級的根本利益，故在民間祠堂的興建方面，
　　統治階級有放鬆的趨向。宋元之際，民間祠堂逐漸興起。
　　〔……〕在明初，建立祠堂已成為較普遍的現象。[37]

所謂宋儒提倡者，主要是朱子的倡導弘揚之功。庶民社會若能經
由祠堂祭祖敬宗的家道之德教，則必能成為有修養的人民，在政
道和治道上而言，都能有利於為政者，所以對於國家的安寧和諧
之提升，具有積極之意義和作用。因此，宋元之際已有祠堂開始
在民間流行起來，到明初就已逐漸發達起來。

　　史家陳支平特別以明代福建的祠堂之建立和流行的現象，而
指出中國庶民社會不止於祠堂祭祖之單元禮制，這其實是一套庶
民的家道之禮制的建構、發展及其深化普被的一環。陳氏說：

　　福建民間家族強調血緣關係的另一重要措施，是族譜、家
　　乘的修撰。如果說祠堂是用血緣關係把族人們牢固地紐結
　　在家族組織上的活動中心，那麼族譜、家乘的修撰，便是
　　為家族組織的活動建立完備的檔案材料。
　　〔……〕維繫近代家族制度新譜學的興盛，與家族的祠堂
　　建設一樣，主要始自宋、元以後，特別是明清時期，才大
　　力發展起來的。[38]

---

[37]　林曉平：《客家祠堂與文化》（哈爾濱：黑龍江人民出版社，2006），
　　　頁25。
[38]　陳支平：《近五百年來福建的家族社會與文化》（北京：中國人民大學
　　　出版社，2011），頁30。

中國的政治社會，如費孝通所說，是一種「差序格局」的血緣地緣聯結性的政治社會，此與西方不一樣，西方是一種「對列格局」，它不是血緣或地緣的政治社會，它是上下純政府機構的國家。而中國則從上古以至現代都不是此種完全脫離血緣地緣聯結性之法政體，而是人倫體之國，換言之，在廣大的中國大地上，如此眾多人口、如此眾多城鄉聚落，乃是依靠鄉情和親情的道德倫理之教化來予以團凝聚合為具有「天下秩序」的文化體國家，它在朝廷官衙系統之下，是一種傳之久遠的鄉土社區自治體，此自治體的架構是「祠堂」，其檔案文件是「族譜」，其運作是以祭祀禮制為方式而傳承的家道，這個家道的核心是仁體誠體，操持的功夫則是孝弟。南宋以後，此套禮制文統，朱子把它明確地立下規章，此即《家禮》，今日臺灣和大陸之庶民社會基本上仍然是以其為生活和生命的導航、標竿。縱許已經邁入現代化，依然不能丟棄，因為中國人不能丟棄自己的禮制文統，否則必將沉淪喪亡。

再修稿於 2018/10/17

參 臺灣的朱子儒學及其現代問題

一、前言

清以朱子儒學為國家文教核心。康熙二十二年（1683），清朝納臺灣入版圖，臺灣從此屬於朱子儒學的文教區域。清朝治臺達兩百多年（1683-1895），在這兩個世紀，臺灣菁英之思想以及庶民之文化皆是以朱子理學的儒學儒教為其根基。

此種文化意識和方向早就成為臺灣的文化本質，也是臺灣人的心性中軸，日本帝國主義殖民統治臺灣五十年（1895-1945），雖然想盡用盡一切辦法，試圖抹去臺灣人的以朱子儒學為中心的中華文化，終究無功。日本帝國主義不得不承認朱子儒學形成的臺灣人之中華文化心靈和生命，實在無法改變更動，他們一心想拿日本神道文化來「同化」臺灣人，使臺灣人不再是中國人，除了極有限的媚日漢奸「皇民化」之外，日帝試圖改造臺灣人的政策，徹底失敗。

但是，臺灣的朱子儒學其實有兩個階段，一是一九四九年之前的傳統典範，一則是此年之後的臺灣儒學典範的從傳統者而提升轉換為新創者，其最大差別是前者屬於朱子儒學儒教的小傳統地區，而後者卻是提升而為當代新儒家典範之下的大傳統中的朱

子儒學之新詮釋及其在臺灣衍生出來的問題。

　　本文先說明清康熙以後在臺灣建立的朱子儒學教化內容，再則說明當代新儒家於四九年（1949）之後在臺灣的儒學包括朱子儒學之研究的思想高度，並論及在臺灣面臨的上下雙重隔離的危機或困境。

二、清康熙治臺賢儒陳璸建立臺灣朱子儒學儒教

　　臺灣於康熙二十二年入清版圖，雖於次年就有行政區劃，有官吏治理，並推展文教，但其實多為虛應故事，或草率不彰。清朝開始的臺灣儒學儒教，在實體和思想上的積極推動者是治臺第一清官陳璸（陳清端公）。

　　陳璸在臺灣推廣儒學儒教，勤於修建文廟和祠宇，留下重要的儒教文獻。康熙四十二年（1703），他來臺出任臺灣知縣，發現臺灣府文廟竟無明倫堂，遂新建之，且為文表顯其推行儒家德教之深意：

> 予以壬午春調任臺邑，至之翌日，恭謁文廟。〔……〕問所謂明倫堂者，蓋曠然一平地也。噫！斯何地也？而可久曠乎哉？〔……〕苟斯堂之不立，則士人講經無地，必至人倫不明，人理泯而人心昧，噫！宰斯邑者何人？風教攸責，而可令斯地久曠乎哉？予用是殫力以拮据，畢歲以經營，越明歲癸未之夏，而斯堂得成。〔……〕成之日，用

　　進諸生於堂而告以斯堂取義明倫之旨。[1]

陳璸來臺履任，晉謁府學文廟時，驚愕發覺居然無明倫堂。他以儒家立場，對於歷任臺灣府縣官吏，深致不滿。蓋臺灣入清之版圖二十年矣，明倫堂居然虛無，治臺清吏的敷衍塞責於此可證，而也顯示陳璸是真正賢儒。他新修明倫堂於府學，特別說到天理人理以及人心人倫的一番道理。這些話語，就是朱子儒學的精神。

　　在同一文獻中，陳璸又曰：

　　予謂五經與五倫相表裏者也。倫于何明？君臣之宜直、宜諷、宜進、宜止，不宜自辱也；父子之宜養、宜愉、宜幾諫，不宜責善也；兄弟之宜怡、宜恭，不宜相猶也；夫婦之宜雍、宜肅，不宜交謫也；朋友之宜切、宜偲，不宜以數而取疏也。明此者，其必由經學乎！潔淨精微取諸《易》，疏通知遠取諸《書》，溫厚和平取諸《詩》，恭儉莊敬取諸《禮》，比事屬辭取諸《春秋》。聖經賢傳，千條萬緒，皆所以啟鑰性靈，開拓原本，為綱紀人倫之具，而絃誦其小也。願諸生執經請業，登斯堂顧名思義，期于忠君、孝親、信友、夫義婦聽、兄友弟恭，為端人，為正士，毋或徒習文藝，恣睢佻達，以致敗名喪檢，為斯

1　〔清〕陳璸：〈臺邑明倫堂碑記〉，收入《臺灣教育碑記》（臺灣文獻史料叢刊），第九輯（臺北：大通書局，未刊年份），頁1-2。

　　堂羞。庶幾不負予所以首先建立斯堂之意。[2]

此文於臺灣儒學儒教史上非常重要，是臺灣第一篇倫理道德教育的宣言。陳璸提出《五經》和「五倫」（父子、君臣、夫婦、兄弟、朋友）的儒教觀點，經是《易》、《春秋》、《詩》、《書》、《禮》之「經教」，是國家廟學的課程，其教育目標是使儒生養成五倫德行。陳璸要求儒生應立本心之志而讀書，並非只徒背誦死文字而已，他也告誡儒生在明倫堂讀聖賢書，不可把經典拿來玩弄卻以文藝之習為目的，應以希聖希賢為志業。此處陳璸表達了孔孟一脈相傳的儒家常道慧命，此亦是朱子儒學的精神和原則。

　　康熙五十二年（1713），陳璸第二次來臺，出任「臺廈兵備道兼理提督學政」，發現臺灣府學居然頹廢敗落。他指責而言：「臺灣，荒島也，夫子廟在焉。聖人之教，與皇化並馳，固無海內外之隔。而歲久弗治，有自來矣。惟大成殿巍然為魯靈光，若啟聖祠暨兩廡、櫺星門，皆傾圮剝落過半。前後廟基，被水潦沖齧，陵夷就低，竟為人畜往來雜沓之場。〔……〕」[3]陳璸重返臺灣，發現文廟除了大成殿及其於十年前修建的明倫堂仍在之外，文廟幾已敗落為廢墟。由此可證治臺大員甚不在意聖教，任憑全臺首學傾頹敗壞。陳璸不得已，乃重修府學。文廟整修畢，陳璸曰：

2　同上注。

3　〔清〕陳璸：〈重修府學碑記〉，收入同前揭書，頁 3-5。

> 凡廟學，非作新之為難，而能默體作新之意為難；亦非作
> 新於始之為難，而能繼繼承承永葺於後之為難。茲余既新
> 斯學於其始，願執經世子咸各思發憤，以通經學古為業，
> 以行道濟世為賢；處有守，出有為，無負國家教育振興庠
> 序之至意。〔……〕安知荒島人文，不日新月盛，彬彬稱
> 海濱鄒魯也哉？[4]

陳璸殷殷表達了興學重儒的心思，有了文廟和明倫堂，就要好好
護持，莫使傾廢，而更重要的是他期盼臺灣儒生應該「以通經學
古為業，以行道濟世為賢；處有守，出有為。」換言之，儒生應
發心凝志讀透聖賢書，而成為有為有守的君子。這才是國家推展
教育的目的。

　　由於陳璸的盡心戮力振興臺灣的儒學儒教，在其言行的感召
下，臺灣確實從一個「荒島」逐漸地人文日新月盛，終於成為文
質彬彬的「海濱鄒魯」。

　　然則，陳璸在臺灣創新弘揚的是什麼形式的儒學儒教？答
曰：「朱子學也。」清聖祖（康熙帝）最重視朱子儒學，故舉全
中國朝野推廣發揚朱子的學術思想。陳璸作為一位清初的賢儒，
其朱子儒學之信仰，篤實堅定。他在臺灣兩次短暫的治理，除了
興文廟官學，更在臺灣首建朱子祠。其對朱子的觀念如其文〈新
建朱文公祠碑記〉之所述：

　　予建朱文公祠既成，或問曰：「海外祀文公，有說乎？」

4　同上注。

曰：「有。」〔……〕按文公宦轍，嘗主泉之同安簿，亦
嘗為漳州守。臺去漳、泉，一水之隔耳，非遊歷之區，遂
謂公神不至，何憖也！矧自孔、孟而後，正學失傳，斯道
不絕如線，得文公剖晰發明於經史及百氏之書，始曠然如
日中天。凡學者口之所誦，心之所維，當無有不窹寐依
之、羹牆見之者，何有於世相後、地相去之拘拘乎？[5]

陳璸意謂朱子既在福建深弘孔子儒學，其教化甚著，臺灣屬福建
管轄，朱子儒學的教化之風，一定跨海傳播於臺灣。而且，陳氏
特別指出其時的儒士之所學所思而深入其心性中的道理，乃是文
公之學。陳璸又曰：

文公之言曰：「大抵吾輩於貨、色兩關打不透，更無話可
說也。」
又曰：「分別『義利』二字，乃儒者第一義。」
又曰：「『敬以直內，義以方外』八個字，一生用之不
窮。」
蓋嘗妄以己意釋之：
惟不好貨，斯可立品；惟不好色，斯可立命。
義利分際甚微，凡無所為而為者皆義也；凡有所為而為者
皆利也。義固未嘗不利，利正不容假義。
敬在心，主一無適，則內直；義在事，因時制宜，則外

5　〔清〕陳璸：〈新建朱文公祠碑記〉，收入《臺灣教育碑記》，頁 5-
6。

方。無纖毫容邪曲之謂直，無彼此可遷就之為方。
人生德業，即此數言略包括無遺矣。[6]

由上所論，陳璸掌握了朱子畢生最重視的敬義之道德倫理。以敬
養心，而以敬心來為人處事，則一切才可合乎義理。這就是朱子
儒學之本旨，而也是陳璸在臺灣發揚朱子儒教的主要精神。他最
推尊朱子，曰：

他（朱子）言之警切痛此類，讀其書者，亦惟是信之深、
思之至，切己精察，實力躬行，勿稍遊移墜落流俗邊去，
自能希聖希賢，與文公有神明之契矣。[7]

朱文公祠始建於康熙五十一年（1712），完成於康熙五十二年
（1713），陳璸特以臺灣最高教育長官的身份，撰述了這篇〈新
建朱文公祠碑記〉，闡述了朱子儒學及其教化的要義。從此始，
臺灣才真正邁入朱子儒學教化的人文區。此後至今，臺灣文化意
識，特別是庶民社會和臺灣人民在其生活世界之中的文化價值觀
及準則，是朱子的儒學儒教。

三、清代臺灣朱子儒學儒教的推廣

自陳璸不遺餘力在臺灣振興朱子儒學之後，臺灣許多官儒，

6　同上注。
7　同上注。

皆能重視朱子儒學的文教之推廣。謹舉清朝在臺灣的書院為例而
予以闡述。

　　乾隆三十九年（1774）修成的《澎湖記略》載有澎湖通判胡
建偉新建文石書院的文章，其中有曰：

> 澎湖一隅，自入版圖，於今八十餘年，向未設有書院，而
> 教官則又遠阻大洋三百餘里，實膠庠之所不及者也。生童
> 有志稽古而問道無門，學鮮良師，致有望洋而嘆，是何異
> 百工而不居肆，欲其制器尚象，以期得心應手，豈不艱
> 哉！余〔……〕於下車之始，即進生童而校閱之，士多秀
> 傑，但牿於聞見，無人指授，聰明俊彥終於汨沒，殊可惜
> 也。嗣於公餘之暇，纂輯諸儒入德之方、讀書之法、作文
> 之式，以為模範；季考月課，人品學業，漸見成效。[8]

乾隆之際，澎湖尚無書院，胡建偉銜命至澎湖任通判，他發現當
地的生童資質好，但惜乎無有官學或書院，故無場所讀書；亦缺
良師，故無宿儒教化。因此，胡氏乃自兼老師，教當地儒生以
「諸儒入德之方、讀書之法、作文之式。」而此所謂「諸儒入德
之方」，其實就是宋儒之理學。胡氏又曰：

> 時則有貢生許應元、張綿美，監生蔡聯輝等呈請捐創書
> 院，以惠士林，〔……〕余乃〔……〕擇文澳之勝地創建

8　〔清〕胡建偉：〈書院〉，《澎湖記略》（臺灣文獻史料叢刊），第一
　　輯（臺北：大通書局，未刊年份），頁78-88。

焉。經始於乾隆丙戌之孟冬，落成於丁亥之孟夏。中為講
堂三楹，匾曰「鹿洞薪傳」，中祀朱子、兩程子、周子、
張子五賢。〔……〕左右兩間以為山長住居之所，至於東
西兩面，翼以書室各十間，以為諸生讀書精舍。統榜曰：
「文石書院」。[9]

依此所述，澎湖其實已有儒士，是他們提議在澎湖建立書院，可
見澎籍的生員們，必是冒大浪而至臺灣本島或大陸的官學或書院
就讀的，胡氏是第一位有心於澎湖之文教的賢儒，遂應當地儒士
之請，而才有文石書院的創建。觀諸其文，文石書院的精神是朱
子儒學儒教，在其中有匾曰「鹿洞薪傳」，即意謂文石書院是傳
承朱子在白鹿洞書院的辦學規範，以〈白鹿洞書院規條〉為文石
書院的學規之範本。而在書院的正廳，則主祀以朱子，並以北宋
四子陪祀，此種祀禮就標明了胡建偉在澎湖振興的文教就是朱子
傳承並發揚的宋之理學，特重聖賢的道德倫常之教化。

　　何以證明胡建偉的辦學方向和精神是繼陳璸之後而依據朱子
儒學儒教？此可從胡氏撰述的《文石書院學約》得知。就以第一
條〈重人倫〉為例言之：

古者庠序學校之教，皆所以明人倫也。〔……〕試思人生
那一日不與五倫之人相周旋？聖賢那一言不與五倫之理相
發明？孟子曰：規矩，方員之至也；聖人，人倫之至也。
又曰：堯舜之道，孝弟而已矣。朱子《白鹿洞規條》，首

9　同上注。

> 列父子有親、君臣有義、夫婦有別、長幼有序、朋友有信
> 五條之目，以為學者學此而已。而博學、審問、慎思、明
> 辨、篤行，則所以學之也。若夫修身、處事、接物之條，
> 皆在所後焉。〔……〕[10]

其《文石書院學約》第一條首列〈重人倫〉，始引孟子言，再就引朱子的《白鹿洞書院規條》以為範本而對朱子儒學之理有所發揮。

其第二條是〈端志向〉，於其文中，又引朱子之言，曰：「書不記，熟讀可記；義不精，細思可精。惟有志之不立，直是無著處。〔……〕」胡氏亦說：「宋范文正公斷虀劃粥，勤苦勵學，做秀才時便以天下為己任。此何等志向也！爾諸生可不勉哉！」[11]依此可證胡氏要求儒生端正己志，亦是由朱子之論立志而來，並以范仲淹來勸勉儒生。

總之，澎湖「文石書院」的儒學儒教的大方針和大原則，是朱子理學之要義。由此以往，清代臺灣的文教，就是朱子儒學的實施了。茲舉兩例以明之。

道光十年（1830），澎湖通判蔣鏞重修文石書院，其有一文以誌其舉，他說到道光七年（1827）秋祭時，發現書院已甚頹敗，遂倡議修整之，直至道光十年完工，蔣氏曰：「從此勤修肄業者，月有課，季有考，良師益友，砥礪磨礱，所謂『窮理以致其知，反躬以踐其實。』必深有私淑夫紫陽夫子，而無負胡公勉

10　同上注。
11　同上注。

亭建立書院、興賢育才之遺意者，〔……〕。」[12]由此可見蔣鏞
的儒教思想也是紫陽夫子的「窮理以致其知，反躬以踐其實。」
紫陽夫子就是朱文公。換言之，從乾隆年間直至道光年間，文石
書院之教學精神和方向並無改變，即朱子理學。

　　同樣一年，也就是道光十年，鹿港同知鄧傳安在新建文開書
院之後，撰寫了一篇〈新建鹿港文開書院記〉。在文中，鄧氏
曰：

　　　　道光四年，傳安為鹿仔港同知，已二年矣。勤於課士，士
　　　　皆思奮。因文昌宮之左，隙地甚寬，請建書院其上。傳安
　　　　給疏引勸，諭以海外文教，肇自寓賢鄞縣沈斯菴太僕光文
　　　　字文開者，爰借其字定書院名，以志有開必先焉。
　　　　〔……〕
　　　　〔……〕今學宮奉孔子為先聖，從祀者皆先師；書院多祀
　　　　先師，而不敢祀先聖，閩中大儒，以朱子為最，故書院無
　　　　不崇奉，海外亦然。〔……〕[13]

道光初年鄧傳安創建於彰化鹿港的文開書院是臺灣甚重要的書
院，因在書院中，主祀朱子，並陪祀明鄭在臺數位賢儒。此書院
是清朝治臺官儒正式融合明鄭之儒和朱子而為一體之開端，往
後，臺灣儒學儒教肯定明鄭延平王及其諸儒臣的春秋地位，而亦
正式明示清朝奉紫陽夫子的理學為中心。

12　〔清〕蔣鏞：〈續修文石書院記〉，收入《臺灣教育碑記》，頁 39-
　　40。

13　〔清〕鄧傳安：〈新建鹿港文開書院記〉，收入同前揭書，頁 41-43。

　　臺灣儒教以朱子學為根本已然穩固，臺灣民間社會自建類似書院之義學，亦取此標準而為之。茲以臺北板橋的「大觀義學」為例明之。儒士溫陵（泉州）籍人士莊正於同治十二年撰述〈大觀義學碑記〉，其文一開始即曰：

> 程子曰：「治天下，以正風俗，得賢才為本。」余謂非必天下也，即一郡一邑亦然。風俗必本人心，人心關乎士習。賢才不遽得，當培養而玉成之。然則化民成俗之原，興賢育才之道，莫要於建學立教。[14]

莊氏雖非儒官，但身為儒士，亦明建學立教之重要性，其目的即是在一郡一邑亦須有儒教來化民成俗、興賢育才。所以他居遊臺北板橋時期，覺察當地無書院，但他認為實亦可創立義學以教子弟。當時臺北是淡水廳之北部，板橋不同於艋舺之商業繁華，而是臺北較偏僻之農業地帶，所以，莊氏說到：「淡北距塹城學宮百餘里，惟艋舺有學海書院，而甄陶未廣，僻壤孤村之士，既闊教澤，甚有漫分氣類，畢生裏足不登書堂者。民風之陋，士習之頹，職是故歟？」[15]當時臺北盆地，只有艋舺有一間書院，可見文教之風未興。莊氏提到的「分類」，就是指漳泉械鬥和頂下郊拼。民風好勇鬥狠，青年不知進德修業，大多成為粗魯無教之人，社會風氣甚壞。於是莊氏商請當地富豪林維讓、維源兄弟，出面出資，於板橋東北隅擇一佳地創建學舍，在此教育地方子

14　〔清〕莊正：〈大觀義學碑記〉，收入同前揭書，頁 49-51。
15　同上註。

弟，此即「大觀義學」。莊正心有感懷，故發而為文曰：

> 夫湮鬱之開在人不在地，轉移風氣在士不在民。士為四民
> 之首，一舉一動，關係民氣。士習端，則民生觀感生起，
> 日趨於善；漓則鄉里效尤放縱，日驚於爭。故為士者望彌
> 隆，責亦彌重。諸生既誦法先聖，稱衣冠之士，非徒株守
> 章句，揣摩時尚，以弋取科名而已。所當納身禮讓之中，
> 以變移鄉俗為己任。修於身而型於家，日與子弟鄉人言，
> 出入友助，和親康樂，共為堯舜之民，興仁興讓，且遍國
> 俗，中原禮義之邦，文物之地，何能以加。[16]

此一大段文章，其用意是在於勸勉臺北板橋的受學弟子，宜立志
於聖賢之教，而培養自己成為有德有學之儒士。因為任何地方的
文風德養，責不在平民，而是在於儒士。國之養士，並不是希望
他們都去科考去當大官，而是冀期儒士在鄉在家能夠教化地方子
弟和鄉人，使地方的風氣漸有堯舜禮讓之涵養。而莊氏這種信
念，正是他發起並鼓舞板橋林家兄弟出面領導創建大觀義學的初
心本願。

　　文末有曰：「義學之前，大屯、觀音山對峙焉，故名大觀。
為屋二，中祀文昌帝君，券諸生之文明；尊奉濂洛關閩五先生，
示學術之標準。」[17]據此，大觀義學，雖屬清代臺灣的民間社會
自己興辦的儒學教化之場所，但主其事之儒士亦以濂洛關閩之宋

16　同上注。

17　同上注。

之理學內容為其基本方針，故教育出來的板橋儒生，自然是朱子
儒學之教養者。[18]

　　在臺灣，以朱子儒學或宋理學為基本精神和內容的儒教，從
康熙時代的陳璸開展弘揚之後，一直延續到清末。茲舉光緒年代
的一篇臺灣儒教之文略加陳述。光緒八年（1882），時任鹿港同
知的孫壽銘重修鹿港文祠而為文以記之。其文曰：

> 同治己巳（八年）孟夏，分守鹿港。時戴逆初平，人心未
> 靖。因思武侯治蜀尚刑法，何如文翁崇文教。諏吉謁文
> 祠。〔……〕右武祠，左書院曰「文開」。聘蔡君德芳為
> 之主講。〔……〕如是者年餘，諸生文頗有可觀。
> 〔……〕光緒丙子（二年）守臺郡事，訪悉主講蔡君、施
> 君葆修、丁君壽泉先後成進士；歲逢大比，登賢書者不一
> 其人。僉謂文風之盛，不惟冠一邑，直冠一郡。
> 〔……〕解經當如漢儒之精詳，而不涉及荒誕；窮理當如
> 宋儒之明達，而不遁於虛無；讀史，自馬班以迄王宋所撰
> 述，探其奧穾、抉其精微，舉上下數千年治亂興衰之故，
> 洞悉於胸中，其餘諸子百家，貫而通之；處為名儒，出為
> 名臣。〔……〕[19]

18　「大觀義學」在板橋林家花園的旁邊，新北市至今無孔廟，歷年孔子聖
　　誕，皆借「大觀義學」作為祭孔之場所。「大觀」也者，固然如莊氏所
　　言，並觀大屯和觀音兩山，故謂之「大觀」。但在義理上言，「大觀」
　　實出自《易·觀卦》。
19　〔清〕孫壽銘：〈重修鹿港文祠碑記〉，收入《臺灣教育碑記》，頁
　　55-56。

這是一篇寫於清末的關於臺灣鹿港之文祠的文章。在文中可以發現光緒時代的臺灣，在地方上，儒教已經培養了自己的儒士，他們已有進士，且已負起臺灣本身的儒學儒教之傳播延續之責。再者，由孫氏之文末，亦顯示了彼時臺灣儒生的讀書，基本上就是以經學方式研讀儒家《五經》；同時須學習宋儒五子著作，入門書很可能是《近思錄》和朱子的《四書集注》；再又須研讀史冊，以明歷朝興衰之故。習儒之目的，是為在鄉為儒家君子，在朝為儒家賢臣。

此種臺灣儒學儒教，直至乙未慘變（1895）而淪為日本殖民地之後，在臺灣的中國儒學的正式教育體制，當然被日本殖民者中斷，但臺灣民間反日抗日的儒士則隱於社會中，通過漢書房、家塾、鸞堂持續地傳延儒家的德教，其風一直沒有斷絕，所以日據臺灣五十年，日人無法同化臺灣人，臺灣人仍然是中國人，此因無他，就是兩百年來，清之治臺而在臺灣推展朱子儒學儒教的功效。

四、一九四九年之後大儒牟宗三在臺灣的判教型的儒家思想

傳統臺灣的庶民與菁英兩階層，如同上述，是以朱子儒學儒教為其人文、心靈、生命的價值核心。就民間言，臺灣人民的生活中的節規，是朱子整理創作出來的禮制；就菁英而言，通過官學、書院和家塾之教化，亦是朱子儒學之學理德規。日據五十年，臺灣自身的文化意志和方向，仍然屬於儒家傳統，而其操作是朱子學。

　　然而，畢竟臺灣明鄭和清朝時期，在文化和學術上，它是華夏之邊陲，所以，儒學儒教表現在臺灣是如史學家黃麗生所說的「邊緣儒學」，[20]相對於中土的中原，臺灣儒學儒教是孔孟大傳統的邊緣之小傳統；相對於福建，臺灣儒學儒教則是閩學大傳統的邊緣之小傳統。以清朝大部份時間言，臺灣的儒士，多屬渡臺官儒，當然，清時臺灣，自己也培養了不少的貢生、舉人，甚至進士，但是臺灣並無本土創生出來的具有思想學術開創性的大儒，臺灣最著稱的「名儒」甚少，且是清末以及日據之際的知名儒者，他們是臺南連橫、鹿港洪棄生、苗栗丘逢甲以及臺中葉榮鐘，他們都以抗日和著作傳世，唯在儒學方面，並未新創，在儒家學理上能夠新創典範，方是大儒，若只以具有相當數量之著作衡定以及彼等之民族大義的實踐而言，則上述四位臺灣先賢，亦可稱為臺灣自身培養出來的大儒。

　　一九四九年，因為國共內戰而兩岸分治，由於歷史因素之影響，形成中土儒家的第二次渡海來臺之巨大波瀾。第一次是追隨明鄭而來臺的閩浙粵等地的儒者，如陳永華、徐孚遠、辜朝薦、王忠孝、盧若騰、沈佺期以及先鄭成功而來臺的沈文開等人。他們表現了春秋大義之人格風範，但在思想上並未在臺灣建立體系。真正在臺灣治學創述而將儒學提高到具備本體宇宙論、心性論、知識論以及文化論之高度並給予新的詮釋創造，是四九年之後從中土渡海來臺居住講學著書的大儒。其中有繼承熊十力先生的牟宗三、徐復觀兩位先生，亦有大史家錢穆先生。

20　黃麗生的「邊緣儒學」的提法，見黃麗生：《邊緣與非漢：儒學及其非主流傳播‧導論》（臺北：國立臺灣大學出版中心，2010），頁 1-16。

　　就朱子儒學來說，牟宗三和錢穆兩位先生都有重要的傳世新創之詮釋，前者以《心體與性體》為代表；後者以《朱子新學案》為代表。今文謹以牟宗三先生的朱子學詮釋系統，來簡述四九年之後臺灣朱子儒學的典範型問題。

　　牟宗三先生最重要的宋明儒學之創作是《心體與性體》的三大冊以及後來出版的《從陸象山到劉蕺山》，合為四大冊巨著。眾多弟子之中，蔡仁厚先生最善述牟先生之學，為求行文之簡約，本文以蔡先生的論述來說明牟宗三先生在臺灣的朱子學新詮釋之意義。

　　《心體與性體》的撰述，從民國五十年（1961）開始，到五十六、七年（1967，1968）間完稿，歷時八年之久，而由臺北正中書局出版於五十七年（1968）的五月、十月以及五十八年（1969）的六月。蔡仁厚先生說：

　　　平常講宋明儒學，都知道有程朱、陸王兩系。一般稱程朱
　　　一系為理學，陸王一系為心學。大家亦知道有所謂朱陸異
　　　同，一個道問學，一個尊德性；一個說性即理，一個說心
　　　即理。但對其中的義理關節，卻只能講一些浮泛的話，而
　　　不能作確定的判斷與分疏。至於這六百年學術發展中曲曲
　　　折折的內容，更很少有人深入去理解。一句「朱子集北宋
　　　理學之大成」的空泛儱侗之言，便使得北宋儒學步步開展
　　　的義理關節，普遍而長久地受到輕忽；再一句「陽儒陰
　　　釋」的顢頇語、鶻突話，更把宋明儒的心血精誠混抹了。
　　　一般對於宋明儒學的了解，大體都停在恍惚浮泛的層次。
　　　數十年來，雖有二三師儒提撕點示，亦時有開光醒目之

言，但通貫六百年的學術，而確定其義理綱維，釐清其思想脈絡，則自先生此書始。[21]

蔡先生這一大段敘說指出：第一，六百年的宋明儒學的義理關節、曲折內容，數百年來甚少人能夠細心深入去探討釐清分判，往往一句話「朱子集北宋理學之大成」就把六百年儒家的旨要和主體，都歸入於朱子一人，對於六百年儒學之分殊甚至朱子本人的本質，都恍惚而迷糊；第二，由於五四反傳統文化的西化浪潮，一些有影響的學者如胡適，用一句輕佻膚淺的「陽儒陰釋」的顢頇語、鶻突話，就讓六百年的宋明儒學的剛健本性沉淪塗黑，致使現代中國人對於宋明儒學充滿偏見和誤會；第三，牟宗三先生創作《心體與性體》，始能確定宋明儒學的義理綱維，並且釐清其思想脈絡。

　　然而，六百年宋明儒學之本質及其各家分際究竟如何？蔡先生以簡單的結論式的論述表達了牟宗三先生的重要判教。蔡先生說：「（牟宗三先生）確定北宋之周濂溪、張橫渠、程明道、程伊川，南宋之胡五峰、朱子、陸象山，明代之王陽明、劉蕺山等九人，乃是宋明儒學的綱柱。」[22]綱柱既定，經過釐正詮釋之後，蔡仁厚先生敘明牟宗三先生的判教結論：

　　北宋諸儒，上承儒家經典本有之義，以開展他們的義理思想，其步步開展的理路，是由《中庸》、《易傳》之講天

---

[21]　蔡仁厚：《牟宗三先生學思年譜・學思歷程》，收入《牟宗三先生全集》（32）（臺北：聯經出版事業公司，2003），頁 144-145。

[22]　同上注，頁 146。

道誠體，回歸到《論語》、《孟子》之講仁與心性，最後
纏落於《大學》講格物窮理。所以，他們的義理系統之開
展，實繫於對道體、性體之體悟。〔……〕濂溪、橫渠、
明道，這北宋前三家所體悟的道體、性體，以至仁體、心
體，皆靜態地為本體論的「實有」；動態地為宇宙論的
「生化之理」，同時亦即道德創造之「創造實體」。它是
理，同時亦是心，亦是神，所以是「即存有即活動」者
（活動，是就能引發氣之生生、有創生性而言）。[23]

北宋三大儒，即周濂溪、張橫渠、程明道，是從天道誠體而下落
內化為仁心仁性，此義理建立後，再由天心仁心發用帶出知性心
而來開展格物窮理之功夫。此種入路是天性神心一體不二，是即
體即用，是「即存有即活動」。他們的經典是《中庸》、《易
傳》→《論語》、《孟子》，四部經典通貫為一之後，再將其理
落實具現在《大學》的格致誠正修齊治平的具體實踐上。
　　蔡仁厚先生再提及牟先生對程伊川的判準，曰：

伊川〔……〕依其實質的直線分解的思考方式，將道體、
性體皆體會為「只是理」。既然只是理，它便不是心、不
是神，亦不能在此說寂感。道體的「神」義與「寂然不
動，感而遂通」義既已脫落，則道體便成為「只存有」而
「不活動」的理；而本體宇宙論的創生義，遂泯失而不可
見。言道體如此，言性體亦然。伊川又將孟子「本心即

---

[23] 同上注。

> 性」析而為心性情三分，性只是形上之理，心與情則屬於
> 實然的形下之氣。理上不能說活動，活動義落在氣（心
> 情）上說。於是性體亦成為「只存有」而「不活動」。[24]

此處蔡先生則說出牟宗三先生對程頤的儒學觀點之判定，伊川與
濂溪、橫渠、明道不同的地方是將道體、性體理解為「但理」，
而無所謂心、神的活動義。心與情，是氣非理，它是氣層面的活
動。故伊川只有道體和性體，但此體只是理，本身不能說是神感
神應，至於人之有感應，則伊川認為是氣的心情之活動。所以存
有層在「但理」的道體性體，而活動層在氣的心與情。這是區隔
了道體性體與心情之感應為二的本體宇宙論和心性論。

蔡先生又曰：

> 南宋初期之胡五峰，上承北宋前三家之理路而發展，開出
> 「以心著性，盡心成性」的義理間架。〔……〕但朱子出
> 來，因其心態同於伊川，乃自覺的順成了伊川之轉向，而
> 另開一系之義理。接著象山直承孟子而與朱子相抗。於是
> 朱子、象山，加上五峰之湖湘學，乃形成三系之義理。到
> 了明代，王陽明呼應象山，劉蕺山呼應五峰，宋明儒學之
> 義理系統，乃全部透出而完成。〔……〕以是，先生乃作
> 如此之判定：北宋前三家，濂溪、橫渠、明道為一組，此
> 時未分系。以下伊川、朱子為一系，象山、陽明為一系，

24　同上注，頁 146-147。

五峰、蕺山為一系。[25]

由此，從北宋到明末，這六百年宋明儒學，可以依據其等之主體思路而分為北宋三大儒一組，再分為伊川朱子一系；象山陽明一系；五峰蕺山一系。

據牟宗三先生的朱子判教，朱子是十分有特色的大儒。蔡仁厚先生據之而對朱子有所詮釋。他說：

> 朱子為學極有勁力，加上他廣泛的講論，使得在他之前以及和他同時的人，都和他發生了關涉。他講論而且註解北宋諸儒的書，他與胡五峰的門人有連年往復的論辯，與呂祖謙常相討論，與陳同甫爭論漢唐，而陸象山更是他終身的論敵。還有在他以後的王陽明，又繼象山之後出來反對他。這些都可以看出朱子是一個四戰之地，他是宋明儒學義理問題的中心或焦點。[26]

但是，蔡先生又強調：「講宋明儒學，『以朱子為中心，可；以朱子為標準，則不可。』元明以來，朱子的權威日漸形成，至於清代而益厲。於是天下人甚至『輕於叛孔而重於背朱』，這都是以朱子為標準之過。結果是人人述朱，而不必能得朱子學的實義；人人尊朱，而又未必能識朱子的真價值。」[27]

---

[25] 同上注，頁 147。

[26] 蔡仁厚：〈「性理」的全義與偏義〉，收入氏著《新儒家的精神方向》（臺北：臺灣學生書局，1984），頁 167-177。

[27] 同上注。

　　這段敘述指出了宋明儒學史的一個很重要的狀況，八百年來，幾乎以朱子為標準，到清朝更變本加厲而為御用儒家的最高典範，八股取士，唯尊朱子四書註。結果是後世一方面不真明白宋明儒家眾家之精要，同時也未能真正認識朱子。

　　接著，蔡仁厚先生闡述牟宗三先生對朱子的重要觀點，他說：

　　　就儒家內聖成德之教的義理綱脈來衡量，朱子的系統並不等於先秦儒家孔孟中庸易傳的傳統。若以儒家的大流為準（最高標準是孔子，在宋明儒中，則明道是一個模型），朱子是當不得正宗的。如果一定要以朱子為大宗，則他的大宗地位是「繼別為宗」。牟先生這個說法，我認為是切當不可易的。〔按，在宗法上，王（共主）與君（諸侯）的嫡長子（太子、世子）繼承王統與君統，其餘諸子（王子、公子）則別出而另成宗系。這些別立宗系的「別子」之嫡長子，又繼別子而為「大宗」，此之謂「繼別為宗」。王統君統，是永承大統；繼別為宗，則是別出宗系以成統（此亦是百世不遷之大宗）。說朱子是繼別為宗，是就宋儒義理的傳承而取譬以為言。濂溪、橫渠、明道，由中庸易傳而回歸論孟，確能上承孔孟以下先秦儒家的本義原型而引申發展（此方是正宗、正統之所繫）。到伊川而有義理的轉向（此猶如別子），故落於大學講格物窮理，而對於道體性體心體的體悟，則發生了偏差而有歧出。伊川此一轉向正為朱子所積極繼承並充分完成，所以他是「繼別為宗」。至於真能不失先秦之本義原型，而順

承北宋前三家發展的，則是朱子所反對的胡五峰的湖湘之
學，以及直承孟子而開出的象山之學。〕[28]

以上蔡仁厚先生所述的一大段，就是牟宗三先生在臺灣創述的
《心體與性體》，對於宋明儒學，特別是朱子學的最清楚最高度
的哲學層次之判教。蔡仁厚先生最能善述牟先生之論點。其表述
於此，也代表了四九年之後，臺灣的儒學，特別是對朱子儒學研
究之典範轉移的最深度的成就，此新的詮釋典範，在臺灣當代新
儒家，形成了一個儒家對於宋明儒學之研究路線的新的體系，而
有別於傳統的「程朱理學─陸王心學」的傳統二分法之認識。

　　以上引述了當代新儒家第三代重要儒者蔡仁厚先生的「牟宗
三儒學」對於六百年宋明儒學之「一組三系說」的闡釋，特別在
最後提出朱子是儒家的「繼別為宗」之「大宗」。蔡先生之論
述，並非孤證，另一位當代新儒家第三代重要儒者劉述先先生，
也有相同的判斷，他說：「近年來，關於朱子的研究有了突破性
的成就。牟宗三先生出版三大卷的《心體與性體》，錢穆先生出
版《朱子新學案》，都是卷帙浩繁的偉構。錢先生考證精詳，牟
先生義理精透。〔……〕錢先生則顯然比較同情朱子，故不時而
致其傾慕讚歎之辭。牟先生則以朱子歧出於孔、孟、周、張、明
道的思想，獨繼承伊川，加以發揚光大，而有所謂『別子為宗』
的說法。〔……〕基本上，我贊同牟先生以朱子為『別子為宗』
的看法。」[29]

---

[28]　同上注。

[29]　劉述先：《朱子哲學思想的發展與完成》，〈自序〉（臺北：臺灣學生
　　　書局，1982），頁 1-3。

　　以上引出蔡仁厚先生和劉述先先生兩位第四代當代新儒家的說法，以印證肯定牟宗三先生在臺灣創建的宋明儒學體系的詮釋新典範，同時，也是牟先生在臺灣完成了他對朱子儒學的重大判教。此種新創的詮釋體系，它深具典範轉型的創造性，乃是在臺灣完成的，換言之，牟宗三先生開展了臺灣四百年儒學儒教的最高峰，此之後，在臺灣的當代新儒學則面向全中國，形成別開生面的當代全體中國的儒學詮釋的新典範。在此之前的臺灣儒家只是中國儒家的邊緣，但此之後，臺灣儒家卻升揚至全體中國儒家體系中的中心性大儒。

五、當代新儒家詮釋朱子儒學的時代重要性

　　然而，當代新儒家對朱子的「繼別為宗」（「別子為宗」）的判教，並非否定或貶抑朱子儒學。

　　相對心學家的觀點，朱子理學卻更具有重視「知性」義。元明清三代，特別是清朝兩百多年，為政者和菁英知識分子若能積極正視理學的「知性心」的內在蘊含的「外延思維」，而將此思維形式納入國家學院教育體系中，則中國或能與歐洲一樣同步開展出現代化科學，但由於科舉取士的內容之八股化，朱子儒學在實際運作上亦隨之而僵化，浸久而往，朱子本人對於外在自然界之求知興趣及其外延性思維形式，終被掩埋而無法彰明，此是中國近現代科學理性不得健康發展的一大主因。蔡仁厚先生於此方面，給予朱子一個正面的肯定性詮釋，他如此說：

　　　　朱子的「即物窮理」，其窮究的方式雖然是橫列的、認知

的，但由於他的主題仍然是道德實踐，所以並不具備積極
的知識意義。因為，窮究存在之理乃是哲學的態度；必須
窮究存在事理的曲折之相（即事物本身的性質、數量、關
係等等），才是科學的態度。朱子自是性理學家，而不是
科學家。但朱子的理氣之分，卻也含有「可以引出科學知
識」的思想根據：

就「理」上建立的，是哲學、道德學。

就「氣」上建立的，則是積極的知識（科學）。

前者是朱子的本行，後者則是他「道問學」的過程中，順
帶出來的。當然，朱子對於知識也有很濃的興趣，如像
《語類》卷二、卷三論天地、鬼神，都是就「存在之然」
而作討論。由氣的造作營為來說明自然界的情形，雖然還
沒有達到科學的階段，但討論氣的造作營為，其性質是屬
於物理的，在基本原則處也是科學的，當然可以向科學
走。[30]

朱子儒學的「理氣二分不離不雜」的體系中，「道問學」由
「氣」而帶出心對自然之結構邏輯之理的認知，此即朱子儒學潛
藏之科學路線。蔡先生在其文中提及朱子《語類》中討論天地、
鬼神處，就有隱含或顯示某種類型的科學性。筆者試舉一例言
之。

---

[30] 蔡仁厚：〈朱子心性思想的時代意義〉，收入氏著《哲學史與儒學論
評：世紀之交的回顧與前瞻》（臺北：臺灣學生書局，2001），頁
199。

> 問：「月本無光，受日而有光。季通云：『日在地中，月
> 行天上。所以光者，以日氣從地四旁周圍空處逆出，故月
> 受其光。』」先生曰：「若不如此，月何緣受得日光？方
> 合朔，待日在上，月在下，則月面向天者有光，向地者無
> 光，故人不見。及至望時，月面向人者有光，向天者亦有
> 光，故見其圓滿。若至弦時，所謂『近一遠三』，只合有
> 許多光。」又云：「月常有一半光。月似水，日照之，則
> 水面光倒射壁上，乃月照也。」問：「星受日光否？」
> 曰：「星恐自有光。」〔……〕[31]

由此段可知朱子及其弟子對於大自然現象均有濃厚的好奇以及判
斷，而這一大段敘述是關係於月球之相關知識之答問，它具備了
科學路線須有的觀測和判斷，當然，由於當時觀測技術、器具之
不夠充分，再加上已驗證為正確的有關知識內容之累積之欠缺或
不足，故朱子師徒的關於月球之光的理解，於今來看，是多有不
正確者，但無論如何，他們卻表現出朱子理學之中所具有的讓知
性主體獨立作主的一個明顯趨向。而在《語類》中，類似的問答
不少，在在都顯出朱子能正面看待自然界物理之內容。可惜由於
宋明儒家畢竟偏重德性心之養正而走道德的成聖成賢之路，因此
相對而言，知性心之外延結構地發展其對事物之數量、關係、構
造等之客觀性認知，此種知識乃至科學之充分建立，在往後中國
的菁英發展史中，遂沒有其地位。由於此故，中國近代的科技文

31　〔南宋〕朱熹：《朱子語類》卷第二，收入朱傑人、嚴佐之、劉永翔主
　　編，朱子撰：《朱子全書》，第十四冊（上海：上海古籍出版社、合
　　肥：安徽教育出版社，2002），頁 137-138。

明相對之下遂落後於歐西，因為科技之不如歐西，彼之堅船利砲攻入東亞，清朝遂無招架之力，而使中國蒙受長達近兩百年的被帝國主義侵凌壓迫的悲慘命運。

另一方面，朱子儒學也提供了一個積極性，應予肯定弘揚。劉述先先生指出：

> 朱子的理氣二元放在形上學的本質層面看是一個錯誤，但由實體而轉為功能，移在踐履論上講，卻表現了很深的睿識。本心是一，心即理，此處不容析心與理為二。但就氣化之跡上看，則天理、人欲、德性、見聞，不容不作分疏，〔……〕朱子在踐履上的紮實、細密的工夫必以此為前提，〔……〕，朱子嘉惠於後學有不可得而議者，豈可以全盤加以抹煞！
>
> 道德的踐履工夫，在今日看來，似乎迂闊不切實際，只是少數人的事，與多數群眾無關，但其然豈其然哉？西風東漸之後，現代人強調的，是人權觀念，不再是責任觀念。然而即在西方，教育子女仍不能不講究訓練。〔……〕一個社會真要完全缺乏了道德自律，還成怎樣一個社會，所謂不誠無物，一切都要垮臺。人自不能人人為聖人，但也不能個個是自然人，在利慾膠漆盆中翻騰，沒有半點理想的嚮往。[32]

---

[32] 劉述先：《朱子哲學思想的發展與完成》（臺北：臺灣學生書局，1982），頁 532-533。

劉先生指出在西化或現代化的衝擊下，朱子主張的氣化心情觀的敬德修為，在當前社會人心的教育方面，是非常重要的道德倫理之教化方式。一個完全順物慾而墮落下萎的世界和人心，是很可怕的，因為一切都會崩潰。在此種現代性中，我們不在形而上學來苛求朱子理氣二分的哲學的虧欠，而僅就一個氣化的現象界來看社會人心的失落，則朱子非常強調的「以敬涵養」的功夫論就是十分重要貼切之治世良方。

劉先生又說：

現代西方民主社會最大的〔……〕危機在把政治權利的平等推廣成為一切的平等，而產生了剷平一切的不良後果。

保障人權的結果，使得多數人滿足於做他的自然人，惟一的關懷是自己欲望的追求與生活的快樂。這種社會最大的危機是對成功的崇拜，把金錢當作衡量人的價值的惟一標準，文化與道德的水準日益低落。

〔……〕在以往宗教、道德的價值為中心的時候，的確產生了汎宗教主義、汎道德主義的弊害，現在卻不幸走上了另一極端，傳統的宗教、道德日益式微，卻沒有一套新的像樣的東西來代替，而落入了一種真空狀態之中。人不是變得無所適從，懷疑徬徨，就是變得古怪邪僻，自以為是。〔……〕

〔……〕我們〔……〕必須重新回頭恢復一些已經拋棄的價值。〔……〕今日面臨我們的一大問題在，如何在一個政治民主、思想自由的社會之中重新建立道德與宗教的價

值。在這個探索的過程之中，研究八百多年前朱子的思想，也可以給我們莫大的啟示。[33]

劉先生深知西方資本主義式的民主政治帶來的社會和人心，是從道德人而下落為自然人，物慾和金錢的追求，變成人的惟一目的，因此，人類逐漸喪失了道德和人文，於是世人若非多成為虛無者，就多成為怪誕者。因為這樣的墮落，終必毀滅人類和文明，所以，我們必須在今日的民主社會中重新建立道德與宗教價值。在這個重建中，劉先生告訴我們，八百幾十年前的朱子儒學的道德境界及其功夫入路，乃是我們最大的資糧和啟示。

六、結論：朱子儒學儒教研究和實踐之盲點及其對應之方

四九年之後，當代新儒家在臺灣的儒學復興和新創，有兩方面，一是將臺灣儒家文化、思想、學術從一個中國邊緣性的小傳統位置提升到中國中心性的大傳統位置，特別是對於傳統朱子儒學發出了一個創新的詮釋；一是將臺灣的儒學上提到具有現代意義的新儒學，而不再是四百年因循靜態的清朝式朱子儒學之固有典範。

筆者特別舉出傑出的第三代當代新儒家之學者蔡仁厚教授和劉述先教授闡述的關於朱子儒家思想和智德在這個時代的重要性，更點明了第二代最具原創性的當代新儒家大儒牟宗三先生對

---

[33] 同上注，頁 548-549。

於宋明儒學以及朱子之判教式的新典範之創立。這些重要的儒學之詮釋成就，是在臺灣發生的，故就此而言，臺灣的儒學達到了一個從來未有的水準，就在全中國言，它也具有了一個學術研究的高峰。

但是四九年以後的當代新儒家對於宋明儒學，特別是朱子儒學的新闡釋，卻有一個運作上的問題。蔡仁厚先生看出了此種危機，他說：

> 當代新儒家在學術思想方面確有卓越的貢獻，但在教化方面，則由於政治社會之轉型與學校教育之變革，形成儒家在理論與實踐之間的重大落差。儘管當代新儒家的第一代，對於鄉村建設之倡導，政黨政治之踐行，風教倫常之重視，皆能精誠貫徹，但客觀地看，不但成效不彰，而且難以著力。而第二代第三代的新儒，則基本上都是教授、學者，偶而有人從政，也不過「盡心焉耳矣」。〔……〕據此，我們對於當代（二十世紀）的新儒家，實可提出這個的評介：
> 在學術思想上，致力於返本以開新。
> 在教化功能上，則仍然衰微而不振。[34]

蔡先生真是點出了當代儒者與傳統儒者或是大儒如朱子的最大差別，那就是今日的儒家在大學裏面擔任一位儒學之學者，在知識

---

[34] 蔡仁厚：〈從人文教化看朱子的成就與影響〉，收入氏著：《哲學史與儒學論評：世紀之交的回顧與前瞻》（臺北：臺灣學生書局，2001），頁202。

體系上，他們建立了新的典範。但是他們卻無法在中國庶民社會
中真正起到移風易俗、潛移默化的德教之功。換言之，儒家學者
與庶民社會是嚴重脫節的，起碼四九年以後的臺灣當代新儒家就
是如此。

　　傳統朱子學在臺灣的意義，是一直不與臺灣庶民社會脫離
的，在臺仕儒以及臺灣本身培養出來的儒士、官儒和師儒，並非
在形而上學或本體宇宙論、心性論方面，超越朱子儒學的典範，
而是依據朱子之儒學，在臺灣社會裏，推展朱子理學形式之儒家
教化，使臺灣庶民百姓生活世界的文化和倫理內容和實踐，都是
朱子的學說和道德。直至當代，以臺灣的庶民社會而言，他們的
人倫以及他們的人與神鬼關係和人與天地的關係，其實依然是康
熙治臺以來的那個朱子儒學傳統。然而，在高層次的大傳統之新
創典範之當代新儒學，卻與此傳統產生了上下兩層不相統貫的斷
裂現象。

　　史學家陳支平研究朱子儒學，從歷史學的視野發現了上下雙
重斷裂，他說：

　　　　從歷史學的視野考察朱子學，我認為朱子學的學術結構應
　　　該是由兩個方面所組成。即一方面是由中國哲學和中國思
　　　想史學者所熱烈討論的「義理」、「心性」等哲學層面的
　　　問題，〔……〕而在另一方面，應該是朱熹對於社會關懷
　　　與社會管理的學術思考，恰恰是這一方面的學術結構，有
　　　可能為研究中國哲學史和中國思想史的學者所忽略。
　　　〔……〕
　　　〔……〕社會關懷與社會管理之學，是必須進行社會實踐

的。事實上，有著強烈社會責任感和政治責任感的朱熹以
及他的學生們，在構建其理學理論的同時，對於社會的實
踐，也就是「知」與「行」的問題，是十分重視的。
〔……〕

〔……〕我要考察的重點內容，是朱熹及其後學們究竟為
當時的社會做了些什麼樣的事情，以及這些事情對于當時
的社會和後世產生了什麼影響。[35]

陳氏在此段文章中表達了：朱子並不僅僅是道德的形上學、本體
宇宙論、心性論的大哲學家，他及其後學，其實應包括了理學家
以及心學家們，同時也是在實踐層次中的「社會關懷者」和「社
會管理者」。陳氏的意思是在學術研究上，切莫忽略作為社會、
政治的理想實踐者的朱子。

　　我們認為在史家的視野中看到更為全面的朱子，陳支平是對
的。而同時，朱子及宋明儒家們，也是在社會或民間的文化和道
德教化領域的實質踐履者。換言之，他們是形上學、本體宇宙
論、心性論的哲士，也是社會和政治的理想層和現實層的參與
者，亦是體制和民間教育的創造和實施者。

　　陳氏的史學型的呼籲是要求相關學者在作研究時，宜更加留
意在形而下世界實踐型的朱子及其儒學。

　　筆者現在更進一步呼籲的則是當代儒者不止是在學術領域
上，作為一位稱職的、創造型的儒家學者，而更應該走出學術殿

---

[35] 陳支平：《朱熹及其後學的歷史學考察》，序言（北京：商務印書館，
2016），頁 2-3。

堂，進入民間社會，在廣土眾民的社會中，如同朱子及其後學一樣，是在人民的生活世界中，實踐儒家的社會德教。這種工作，其實就是朱子一生中最重要的社會和人文實踐。

在臺灣的當代新儒家並不是全然沒有思慮到這一個重要的面向。筆者仍然再舉蔡仁厚先生的觀點來加以說明。蔡先生能想到的當代儒家的社會實踐，依然是民間自主的書院教化。他說：

> 儒家根生土長，十足是「在地的」，何以會有疏離之感？因為家庭和社會的結構起了鉅大的變化，人們的生活方式和工作環境，也一直在劇變中。如今，在我們居息的家庭裡，已經沒有祖先的位置；在我們的學校裡，也已沒有孔子的位置。〔……〕儒家雖也有孔子廟，但那只是官式教化的象徵。在古代還算好，廟同時也是「縣學」、「府學」、「國子學」的所在，如今連這樣的「學」也消逝不見了。現在的大、中、小學，又全是西式化的知識教育，而「做人之道」（人品教養）落空了。〔……〕誰來負責教導國民「做人」呢？最後當然還是靠儒家。
>
> 〔……〕我想到「書院」。書院是儒者民間講學之所在。〔……〕我的意思很單純，只是想為散處各地的儒士，安排一個落腳安身的地方，讓他們有機會落地生根，為鄉里服務，為鄉里造福。
>
> 我想像中的書院，〔……〕一切順其自然，因時因地而制宜。只要有一間房子，便都可以掛牌。〔……〕當然最好能成立一個基金會，打下穩實的基礎。

　　書院的活動，基本目標是「講學」和「教化」。[36]

　　蔡仁厚先生是在臺灣發出呼籲召喚，希望當代儒家除了在大學高教中作為一位研究知識化儒學的學者之外，能夠走出學院而重返民間社區，在人民的生活世界中，廣建書院，在其中講學和教化。近來，這個文教復興趨勢，在兩岸愈顯發達振復。建書院以及在其中的儒家人文道德的啟發，本來就是朱子最重要的功德之一。當代也應再來實踐朱子的社會德教之理想。在臺灣，當代新儒家以及其他儒家學派已經於社會中建立一些書院，惟他們的儒家典範已不僅是傳統朱子儒學，而已是當代的新儒學，其等是否能與文公一樣地具現儒道於社會，能與現代的庶民貼切為一，而成為所有人的生活軌轍和心靈方向，仍然有待踐成。

再修稿於天何言齋 2018/10/18

---

[36] 蔡仁厚：〈關於「儒家人文教」與「儒學在地化」〉，收入氏著：《中庸新詮與儒學反思》（臺中：晨星出版有限公司，2015），頁 141-142。

肆　朱子儒學從理論層菁英大傳統須落實為實踐層庶民小傳統
──朱子儒學研究論文三篇讀後感

　　現代的儒學，雖然在學術研究上頗為蓬勃發展，但大多數儒學研究者的統類，是以歐西東傳的著重「見聞之知」之治學標準為其典範。因此，現代的儒學研究者，只是「儒學學者」，而與「傳統儒家」之性質不同。今之儒學者，許多只是學院裏面撰寫研究論文的一曲之士，他們將儒學窄化為「一曲的見聞之知」。但是從孔孟荀開始，而直至北宋四子，傳於南宋之朱子象山以及湖湘東萊水心陳亮等儒者，再又及於明朝之王陽明以及陽明後學或其他心學家，再到晚明之三大儒，甚至當代新儒家，卻非如此，他們之「學統」，合「道統」、「政統」、「社統」而為一，以內聖外王為志，並融合形而上之道與形而下之器為一體，是「體用一」、「道氣一」的思想與實踐。

　　廣義的當代（現代）新儒家，從民國開始，他們為中國儒學的復振和弘揚，提供了重大的學術貢獻。宋明大儒以儒為宗而全力闢佛老，但當代大儒卻綜合中國三教並給予轉化提升的新創，譬如熊十力、馬一浮、梁漱溟以及牟宗三、唐君毅、徐復觀、錢復等先生皆是具有返本開新的綜合新詮中國三教之現代哲學型大

儒。再者，他們與傳統大儒另外一種不同之處，則是他們幾乎都
有融合西方哲理以入中國之學的文化和思想會通新創之功，譬如
熊十力先生透過閱讀中文譯著而能充分理解西方機體生命哲學、
愛因斯坦相對論等，西方智慧在其心靈生命哲學中顯現；馮友蘭
先生則是依新實在論來講中國儒學；唐君毅和牟宗三先生精通黑
格爾、康德，對於希臘以降的西方哲學和科學思想脈絡，均甚熟
悉，尤其牟先生除了德國觀念主義之外，更精通西方邏輯哲學。
這些當代新儒家，在現代性的角度言之，是哲學家形態的儒家，
他們給儒學的形上論、本體宇宙論、心性哲學、道德哲學以及政
治學理論，提出了非常高度、精闢的論述。

　　就上述的學術境界和層次而言，當代新儒家面對他們之前的
傳統大儒，從王船山上溯而推及於宋明大儒，的確開出以儒家為
中心而旁及於諸子百家的新論，換言之，儒家之道與學的發展
史，傳統的宋明儒學典範至清朝就告一段落，民國以後，當代新
儒家興起，他們的學術之貢獻，則是援引西學並有效返古且回應
現代而開出了當代的新形態的儒家。

　　當代新儒家多數大儒，在哲學思想上以及也包括了思想史大
家的錢穆先生、徐復觀先生的中國思想史以及中國政治史、文化
史之巨著在內，他們終其一生的努力，是為中國的文化大傳統而
進行了新創和提升的文本著作性的詮釋，他們的著作，具有思想
智慧性的體系之建構。後世之人回顧現代中國大儒，會認為這是
一個重要典範的開創，既有傳統光輝又有現代偉業，換言之，若
依歷史之大河，則可以如此劃分：宋理學、明心學、晚明儒學以
及清朝的朱子學、樸學、公羊學和晚清自強運動之新學，再來就
是「民主共和中國」的當代儒學，而當代新儒家的理論體系建

構，實際上超越清朝和宋明，直接傳承孔孟荀及晚周兩漢的諸子
百家的弘富博厚思想智慧而臻乎新而高的層次。

　　然而由於國家時代和個人生命的局限性，當代新儒家的精采
與創造，是在文化思想的大傳統，他們大體忽略或無法再涉及和
關心中國儒學儒教在廣土眾民層次的文化小傳統。也即是儒家是
怎樣將儒家常道慧命加以下降落實到中國庶民社會，而就社會層
的教化和制度，給予儒家的人文道德之理想的施作。當代新儒
家，在其學問研究上以及親身降臨並且加以實踐此種儒學儒教庶
民社會化，大概只有梁漱溟先生於抗戰前，在山東鄒平推行的鄉
治形式之鄉村儒教，惜乎被日寇侵華而中斷。其實，這層次的講
明和實作，即是中國久遠的儒家重要的一個傳統，是除了道統、
政統、學統等三統之外的另一統類，稱為「社統」，現在山東大
學顏炳罡教授在魯地推廣農村儒學儒教，其實就是梁先生理想的
重振之路，而這也是中國傳統儒家將大傳統下降落實到廣土眾民
之社會中的重要工作。

　　宋明儒家有一重要精神，他們的儒學，不止於形上論、本體
宇宙論、心性論。許多現代學者十分關心並且深入探討，譬如朱
子主張的「心統性情」、「心具眾理而不即理」、「性即理」的
心性二分的觀點，陸象山主張的「先立乎本心」、「心即理」、
「性即理」的心性不二的觀點，或陽明的「致良知」哲理。然而
大體上未能充分探索研究朱子學或象山學以及陽明學之文化社會
踐履之效應的社會實踐。現代儒學學者關心明之心學時，大體上
多傾向精研深入陽明的《傳習錄》，但對於陽明在贛南黔省閩西
等地著重關心而實踐的建社學、書院，訂鄉約以及牌法等關係庶
民社會的管理與教化之地方小傳統的施作，相對而言，則不太注

意。可是，無論宋儒或明儒，他們除了儒家之道的高層思想觀念
之闡述發揚，他們是社統中教化以及制度建立的實施者。如北宋
一些賢士大儒，他們很注重修族譜建宗祠，也有修纂鄉約，據之
而教化社區中庶眾，且教化子弟。張橫渠甚重禮規，亦重視社區
中的庶民之教，藍田呂氏兄弟，是橫渠弟子，受橫渠啟發而修
《呂氏鄉約》以管理並教化鄉人族親。南宋朱子承繼北宋儒風，
所以，也非常重視地方子弟和民眾的教化以及地方社會制度和調
控的規劃與推行，如建立書院、設計人民適用的祠堂，創設義
倉、正田地經界等，同時，盡心在地方講學，發展印書事業以推
廣儒學文本之普及。至明之陽明後學，勤於廣建書院，並修族譜
建宗祠，推行書院講會並擴充之而為社會小區中，為四民而開的
致良知教的會講。宋明儒家，在民間社會，更與鄉人一起，參與
廣大城鄉的庶民社會的禮樂文化之生活，他們在小傳統中，扮演
了承上而傳下的重要媒介、溝通者、指導者的角色，他們將大傳
統的儒學下傳到民間，使民間鄉人的生活世界的小傳統得到源泉
活水，因此，傳統儒家也參與民間社會中的各種節慶、婚喪之禮
以及各種祭典，在其中起了思想、道德和智慧的啟蒙、教育等重
要作用。此種既剛健且又是敦篤之教化，從宋明以降，歷清之兩
百多年，是中國的庶民社會的基本禮樂文統，包括臺灣四百年歷
史，都是以朱子儒學為主而揉合釋道所形成的三教合一的文化。

　　近年學界就宋明儒學的小傳統或地域的制度教化儒學，開始
有了相關的學術研究，顯示學者對於儒學儒教的下降落實於庶民
社會，已經有所關心。陽明後學如泰州學派、江右學派的地區性
教學以及鄉人家族的禮樂、祭祀、教育，已有學者研究創述。而
就朱子後學的地方性政教以及社會文化調控之內容，亦漸有研

究、詮釋和創述，特別對於福建的朱子儒學（閩學）之發展傳衍以及其等的作為，從宋迄清，已有相關研討和著作。如對陳北溪、真西山、黃勉齋等朱子弟子的地方治理及其教化之功業和意義，已有專書，而對於清朝閩學，也有專書深入詮釋，對於李光地、藍鼎元、蔡世遠等清朝閩省理學家的思想、政教，有所探索。

　　再者，儒家特別是明以後以至清朝，朱子儒學的後學者，他們甚重視地方志的修纂，若就臺灣而言，清至今日，學者和地方官員，都非常重視當地的縣志、鄉鎮志的采風、整理和纂述。地方志，雖然不是國史，可是對於地方的史地、人情風俗、文化、教化、社會、政制、禮樂等重大自然人文內容，均甚重要。而修纂地方史者，也會將自己的史識、史觀、史德、史學灌注表現其中，如清康熙年間，漳浦儒士陳夢林，應臺灣府諸羅縣知縣周鐘瑄之禮聘，來臺主修《諸羅縣志》，而另一位閩省朱子理學家蔡世遠雖未親至臺灣，但其文章亦收入該志。此志是清修臺灣的方志中被公認為最具思想性高度的地方志書，其中的經史觀點，正是陳夢林所擁有的朱子儒學之思想，而身為閩地儒士，他的教化淵源與清朝福建理學的重鎮鰲峰書院密切相關。由此可證傳統朱子學的儒士，除了對於儒學的上層理論須有基本認知之外，他們同時亦關切並投入於理學之理想於地方小傳統的文化保存、道德倫理的弘揚以及政制禮教的維護。

　　筆者謹就三篇論文表達讀後心得。李毅婷博士撰述的〈禮制下移：陳淳禮學思想與實踐〉一文，就是上述的儒學儒教背景和結構下的佳作。陳北溪是朱子晚年高弟，堅執朱子的理念，不僅是對朱子的形上論、本體宇宙論、心性論，奉之而不易，且對朱

子的另一層的道德與知識，也就是朱子在小傳統中的社會層實踐，如朱子的禮學、祭典、族學、社學以及地方政教等領域的觀念，也盡其機緣和能力而徹底遵行實踐之。李文指點出陳淳在漳州及於其他閩地的朱子禮樂文制的實施，並非清水挾雜泥沙污物的行事，依《朱子家禮》的規制，就是古典儒家的禮學之實踐，嚴正地區分什麼是正禮而什麼是淫亂敗德之事物。傳統時代的賢明儒吏在其治理的地區，除了興學校、建渠圳、辦撫恤、築義塚等親民愛民的治道之外，他們也會除邪說毀淫祀，這就是教民之治道。地方小傳統中的庶民百姓如水中的魚，政教就是水，若政教清明正直，水就清淨，魚即健康自在，庶民亦如魚，才能身心有德而安寧。陳北溪的行事，其實是依據朱子儒學，特別是禮樂文制來親民愛民教民，而這是中國傳統賢儒良吏必然會實踐的治理之事功。此是十分重要的，以臺灣當代社會為例，由於現代化的流弊，城鄉大小廟宇，早無三教的正直教化，只剩巫覡鬼神迷信，而臺灣千萬信眾其實多有沈溺其中，與德性之提升無關係，甚至多有敗德之墮陷，反而在這些發達繁榮的民俗宗教中，充斥政客、地方豪族、黑道、輟學而鬥勇之青年無賴。在臺灣，有道德水準的三教是在人間佛教、儒宗神教和一貫道以及如瑤池金母信仰等新興宗教崇拜叢，在其中仍有傳統忠孝廉節的德教。而民俗宗教的主其事和參與者，卻多摻入世俗政治及迷信鬼神的巫術，何以如此？此即臺灣的政治號稱民主自由多元開放，因此社會調控的功能失序脫軌已有一段漫長時期，故有守的為政者以及現代儒家多不關心或不敢關心此種領域，因此形成現代的臺灣淫祀現象，當正人君子避之，轉往人間佛教或一貫道等仍有正信正念的宗教中，則廣大的直接與臺灣庶民有關的民俗宗教之本質，

就如水中滲入許多污染物，而形成混濁的人文之水流，庶民在其
中就有如魚在此污水中受到污染而中毒。當代，惜無「陳北溪
們」，可據朱子之禮學而釐清庶民社會的信仰和文化，而且若更
進一步言之，縱許陳淳再生，活在當代臺灣，恐怕也無可能在庶
民社會中起到儒家的道德教化。

　　其次，王強教授和王汐牟教授撰述的〈理學與明代福建省志
編修〉一文，其中詮釋有明的三部閩省方志，兩部屬於官修：
《八閩通志》、《閩書》以及一部私家修纂的《閩大記》。作者
指出《八閩通志》的主修者黃仲昭具有明顯的理學家心靈和見
解，故特別針對《宋史‧道學傳》的人物收錄標準之缺失而在
《八閩通志》中給予閩地重要的儒家胡安國、真德秀、蔡元定蔡
沈父子以〈道學傳〉的應有地位。黃氏修《八閩通志》，雖是地
方志書，但依然根據道統的觀念來彰著閩地理學家，其中表顯了
修史者由儒家理學的信念而來的史德和史識。再者，明朝中葉以
後，中國社會已逐漸進入三教共存並立或較誇張地說是「三教合
一」的文化和宗教狀態，因此，在儒家的上層，譬如王陽明深悉
佛教思想，其傑出弟子王龍溪就有深厚的佛學修為；而佛門大德
如袾宏、紫柏、憨山、蕅益都主張佛儒會通。又如莆田林兆恩創
立「三一教」，主張三教本一體的觀點，吸收數十萬信眾，此教
亦能延續發展。在此背景之下，王應山堅守朱子儒學的精神，而
在其所修的《閩大記》中斥拒三教合一觀，甚至也批評陽明心
學。由於是私家修史，故王應山在其史著中表現了他自己強烈的
理學信念，在他言，他修史是有種「以史為經」的史識和史觀在
焉，似乎以為修史的立場和觀點，應如朱子之修《通鑑綱目》，
而以孔子的《春秋》為標竿。此例可證，傳統儒士，他亦十分重

視在地方上的撰述工作，纂修《閩大記》，固然是在明朝，然而卻是在福建這個省區，正是閩學中心，是朱子精神凝聚處，故王氏是以護教衛道的原則和信仰修纂地方史的，此種精神可顯示史家的史德，譬如乙未年（1895）臺灣被日本帝國主義強奪，連橫時為青年儒士，慘遭亡臺之痛，故發奮修史，此即臺灣最偉大的史家鉅構《臺灣通史》，它在中國史冊規範中，屬於地方志書，可是它卻富含孔子《春秋》的「正君臣之義，嚴華夷之防」的史家正氣，故雖然是中國的一方小傳統的志書，它是史，卻具有大傳統的經的內容。作者最後討論晚明何喬遠修纂的《閩書》，晚明的學風，已經顯現陽明後學特別是「見（現）成良知派」的空疏和狂誕，劉宗周嚴厲地指責王龍溪學派乃「虛玄而蕩」，而泰州學派則「情識而肆」，心學家只抓取本心的虛靈明覺的空靈境界卻忘卻了嚴肅莊敬的道德義及其徹底之實踐義；再者，或誤以為見（現）成心識即是良知，把良知當作一個光景玩弄，卻養出狂誕之情識以待人接物。同時，因為八股科考之弊，也呈現了朱子學末流的瑣碎和卑猥。心學理學之末法均顯出不能承擔世運、道統、學統以及政統的巨責重任。在此種典範崩解的大時代中，晚明內憂外患，促使中國儒者在其生命之時代應變中，被迫須從傳統儒家之中重新找尋足以運世和自處的典範。如東林諸君子的議論時學和時政，又如船山、亭林、梨洲從心學和理學走出來而新建晚明的經史合一而著重「氣」以及丟棄純理或純心之形上論儒學而改為經世實用的儒學之學風。在這樣的大背景之中，《閩書》體例和規範自然會有所變易，心學理學的典範漸漸失落其規約性，但卻又還未能於儒學傳統中，重新尋得安身立命的新路線，故有其奇特怪異的篇名，且在該志書中，既然菁英人物的人

格生命之形態失去標竿性作用，自然在四民社會已經日漸發展的晚明，修史者會以更多篇幅記載社會工商分工之群體，此處反映一位修纂地方史的儒者，其注意力向小傳統的庶民社會及其多元性轉向。向庶民社會的百工關注，菁英儒家退潮或退居多元平等的位置，同時其他重要倫理系統，甚至於歐西傳來的基督教，也進入地方志書之中，與儒者平行，這是現代地方志，特別是臺灣的現代方志的特色。

　　上述提及儒家大傳統在傳統儒者而言，必須下降落實到社會民間，通過教化，而在小傳統文化中形成庶民的道德倫理之基本素養。朱子本人以及其後學，都是這樣實踐。甚至朱子之後的八百多年之中國的民間社會，不論是理學家或心學家，都是不遺餘力將儒家的常道慧命從菁英層往下傳播擴散到庶民層，庶民不是菁英，他們不必非明白儒學的形上論、本體宇宙論、心性論不可，但他們卻可以明白父慈子孝兄友弟恭之道德天倫，以及親親而後仁民、仁民而後愛物的推恩之仁道，並及身而實踐之。此在現代中國的道德倫理教育上，其原理和精神亦是一樣，與朱子及其後八百年來的中國教育，並無不同。

　　這是要靠庶民之教來達至的，而在今日而言，更是指向大眾化教育，在高教之中的思想政治課或通識教育中，特顯其重要意義。陳永寶和曾令超兩位教授撰述的〈朱子理學的大眾化教育及若干啟示──以當代大學生思想政治教育為例〉一文，其主旨著重當前的大學生的思想政治教育，宜跳脫西方資本主義觀念下的人文觀點，因為資本主義文明太著重從功利或利益出發。在當代中國，應注重社會主義的優越性之養成，而這樣的人文精神之建設的路線，是應歸返到中國儒家思想和智慧中尋求現代之會通

的。所謂「馬克思主義中國化」的深刻意涵，即是「馬克思主義入中國而中國之」，中國是創造的主體，她的能動之創造性，如同在歷史裏面，她主動而有效地吸收佛教且包容蒙古文明、西藏文明、女真文明以及魏晉南北朝四百年的吸納融合「五胡文明」，同樣地，當代中國亦可以其博大敦厚之性質而融入馬克思主義的社會主義之優秀內容，成為現代中國文化的成分。中國儒家與馬克思主義有其共性而可會通，即兩者同樣關心廣大眾民，注重總體社會的生產力源和生產方式以及生產之人民主體性。以儒家的古典用語言之，就是「地勢坤，君子以厚德載物」的《易經・坤大象》的精神和原則，惟有完成坤道，才能成就「天行健，君子以自強不息」的乾道，而此亦是孟子弘揚的「五畝之宅，樹之以桑，五十者可以衣帛矣；雞豚狗彘之畜，無失其時，七十者可以食肉矣；百畝之田，勿奪其時，數口之家可以無飢矣；申之以孝悌之義，頒白者不負戴於道路矣。七十者衣帛食肉，黎民不飢不寒，然而不王者，未之有也。」古代儒家主張生產力源和結構由庶民擁有，並先行解決而滿足其經濟和財富之後，再推展道德和知識的教養，促進社會制度之完善以及精神心靈的充實，這個大方向，亦即孔子明白說出的「先富後教」的道理。朱子承繼孔孟之道，他最重視庶民百姓的基本生存，要求為政者必須做好農業生產的政道，人民在溫飽的治理之下，才能談到人文道德之涵養。所以朱子一輩子最留心「施善與教化」的治道，他正經界立義倉，並且修書院辦教育，此即「既經濟建設且教化傳道」的儒家基本主張，是從孔孟一脈相傳而由朱子承繼實踐的，在當代中國，強調弘揚具有中國特色的社會主義，並且要建設具有社會主義特色的中國之當代，大學生的思想政治教育，

除了馬克思主義的社會主義之通識和專業之課程之外，積極展開朱子儒學的通識和專業之教學，是正確且剛健的寬莊正道。

　　上述的內容主要是闡述學者撰述的三篇儒學論文，其著重朱子理學落實實踐於庶民社會，充實小傳統以朱子的儒學儒教之觀念和理想。而三篇論文實亦點明了中國傳統儒學是上下層次統貫為一的體系，傳統儒家不是純粹哲學家、學院學者，他們是內聖外王之儒道的實踐者，在朝在野，都以個人道德言行為表率而在學統和政統上，盡心盡力推展教化和治理。故大傳統和小傳統在傳統儒家的生命中，是必須統一而充分實現的儒家天責。現代化之後的中國，受西化影響，故研究儒學之士大多成為學院中的純學人，在學統中以文字而表現了高度的儒家思維，但在社統的行事層，卻多繳交白卷，當代儒者應從學院高牆走出來，須返回庶民社會，在社統中，將道統和禮樂仁義傳播給中國人民，使當代中國人成為知書達禮的有人文道德教養的現代公民。

再修稿於天何言齋 2018/10/18

明代儒學

伍　儒學的傳承及其在
教化中的意義
──明儒從吳康齋經陳白沙至
湛甘泉的儒學儒教

一、前言

　　儒學必配合儒教，此所謂「儒教」是指儒家的教化。從孔孟始，歷兩千數百年，儒家均以儒家經典教授弟子，而以講學的語錄、文章和實作，將儒家常道代代傳承並加以發揚。宋明以後儒家講學常在書院，而且整合師徒生活、勞動、靜坐、講經而為一，他們以求聖賢之道並予於身心和世務中實現為宗旨，並且極重視傳承之精神。這種方式是儒教之特色，與傳統官學不相同，也與現代體制內的學校教育不一樣。

　　儒家是有派別傳承的，陽明學派耳熟能詳，於此不論，本文舉較不顯著的另一明代儒家之儒教系統簡略說之。此系統是吳康齋到陳白沙再到湛甘泉。

二、勞動中啓發儒家之道的康齋

　　明朝儒學儒教起始於吳與弼（吳康齋、吳聘君，明太祖洪武二十四年－明憲宗成化五年，1392-1469），他雖然是程朱理學的追隨者，但他開啟明朝儒學儒教之風，在生活和生命之實踐上，於身教中深化了儒學的深度，而使理學之末流進入明朝，已不是一種只在書紙堆中瑣碎寫寫文章搞科考的無用之物，而是與生活密切給合的倫常實踐之學。[1]

　　吳康齋是撫州崇仁人（江西省崇仁縣），父吳溥官居國子司業，十九歲在北京，拜洗馬楊文定為師，讀《伊洛淵源錄》，遂有學聖賢之志。於是棄科舉，隱居小樓，不下樓二年，攻治《四書五經》以及諸儒語錄，並體之於身心而有所證會。[2]

　　黃宗羲（梨洲，明神宗萬曆三十八年－清聖祖康熙三十四年，1610-1695）說吳康齋生活往來皆粗衣敝履，一般俗人都不知道他出身於學術教育世家。梨洲曰：

> 康齋倡道小陂，一稟宋人成說，言心則以知覺而與理為二，言工夫則靜時存養，動時省察。故必敬義夾持，明誠兩進，而後為學問之全功。〔……〕於戲！椎輪為大輅之

---

[1]　鍾彩鈞：〈吳康齋的生活與學術〉，《中國文哲研究集刊》，10 期（臺北：中央研究院文哲所，1997.03），頁 269-315。

[2]　〔明〕黃宗羲〈崇仁學案〉，《明儒學案》，收入氏著、沈善宏主編、吳光執編：《黃宗羲全集》，第七冊（杭州：浙江古籍出版社，2005），頁 3。

始；增冰為積水所成，微康齋，焉得有後時之盛哉！[3]

依梨洲之論，吳康齋的儒家修養方式是伊川朱子之路。但又指出明之儒家的開啟之功，是吳康齋的貢獻。然則，康齋的特色或精神是什麼？〈崇仁學案〉這樣說：

> （康齋）居鄉躬耕食力，弟子從遊者甚眾，〔……〕雨中被蓑笠，負耒耜，與諸生並耕，談乾坤及坎、離、艮、震、兌、巽於所耕之耒耜可見。歸則解犁，飯糲蔬豆共食。[4]

顯然，康齋的教學與傳統體制教育大異其趣，他是典型的以耕讀傳播儒教，在生活和勞動中讓弟子體證儒家的生命義理。故儒教在他，是身心鍛造磨練的實踐，而不是口耳之業。此種教育類似禪門，師徒生活在一起，自己耕作取食，並且教學就在日常生活操持勞作中進行。〈學案〉又曰：

> 陳白沙自廣來學，晨光纔辨，先生手自簸穀，白沙未起，先生大聲曰：「秀才若為懶惰，即他日何從到伊川門下？！又何從到孟子門下？！」[5]

康齋的儒教精神是敬謹勤勞力行，晨曦就已勞動，此處工夫容不

3　同前注，頁 1。
4　同前注，頁 3。
5　同前注，頁 3-4。

下疏懶怠惰。陳獻章方至，仍有秀才氣，經此一罵，方才喚醒啟發了日後的明朝大儒陳白沙。

康齋此種生活、勞動與學習一體的教學，是在其齋舍中，實亦一種書院，他訂立了其學規，其條目如下：

> 一　須用循序熟讀《小學》、《四書》本文，令一一成誦。然後讀《五經》本文，亦須爛熟成誦，庶幾逐漸有入。此個工夫須要打崖歲月方可。苟欲早栽樹，夜遮陰，非吾所知也。
>
> 一　學者所以學為聖賢也。在齋務要講明義理，修身慎行為事。如欲涉獵以資口耳，工詩對以事浮華，則非吾所知也。
>
> 一　古人讀書皆須專心致志，不出門戶。如此痛下工夫三五年，庶可立些根本，可以向上。如或作或輟，一暴十寒，則雖讀書百年，吾小見其可也。[6]

康齋的儒教有三個精神或原則，向他問學者必須做到，否則不要留在其書院。首先是要求循序地精入熟爛地讀誦《小學》、《四書》、《五經》。且千萬不能心急求快，誦讀儒家經典需花一定的歲月才可，此是讀書工夫之切磋琢磨。其次，為何要讀誦儒家經典？絕不是為了科考當官，也不是玩弄風花雪月的無關身心之德的浮華文句或是將經典之學當作口耳之資用來交際應酬。讀誦

---

[6]　〔明〕吳與弼：〈學規〉，收入陳谷嘉、鄧洪波主編：《中國書院史資料》，上冊（杭州：浙江教育出版社，1998），頁769。

孔孟經典只有一個目的，就是成聖成賢。最後，他要求弟子必須心無旁鶩，凝聚志氣，完全將身心放在讀誦聖賢書之路上，三五年足不出戶，立定心性而只熟讀聖賢經典，如此方能立大志而有大成。

由此可見吳康齋的儒學儒教遵循的是伊川朱子的致知格物之取徑。是理學而非心學。

從學於吳與弼門下而被黃宗羲列入《明儒學案》之儒家賢士有胡敬齋、婁一齋、謝西山、鄭孔明、胡鳳儀等人。讀他們的語錄，大體皆謹守康齋學風，而究其源，即是謹守程朱理學之道。他們一生主要志業亦以儒家敬德之學設帳授徒，孔孟道德倫常之儒教遂能在明朝得其傳播延續。[7]待陳白沙出，心學的儒學遂發其曙光。

三、靜中養出端倪的白沙

傳承吳康齋而又能別創新的儒學儒教者是陳白沙。

陳白沙本名陳獻章（明宣宗宣德三年－明孝宗弘治十三年，1428-1500），字公甫，別號石齋。明宣德三年生於廣東新會的都會村，幼時隨祖父遷居新會的白沙村小廬山下，故世人稱陳獻章為白沙先生，其學派為「白沙學派」，由於白沙位於江門，故又有「江門學派」之稱。[8]

廣東新會在珠江三角洲，已甚近南海，其地理位置，甚能得

7　同注 2，頁 1-40。

8　李國鈞、王炳照、李才棟：《中國書院史》（長沙：湖南教育出版社，1994），頁 640。

風氣之新，戊戌變法主要人物梁任公（梁啟超，清同治十二年－民國十八年，1873-1929）亦是新會人。陳白沙之所以從程朱典範而轉出新開有明心學之儒學儒教，或與珠江三角洲之近海開放的地理區位有關。

　　黃梨洲〈白沙學案〉曰：「陳獻章〔……〕自幼警悟絕人，讀書一覽輒記。嘗讀《孟子》所誦天民者，慨然曰：『為人必當如此！』〔……〕正統十二年，舉廣東鄉試，明年會試中乙榜，入國子監讀書。已至崇仁，受學於康齋先生。歸即絕意科舉，築春陽臺，靜坐其中，不出閫者數年。」[9]

　　陳白沙從學於康齋，善學其師之教化精神，故亦斷了八股科舉的俗念，而以追尋聖賢之道為志，遂效法康齋，返鄉築臺隱居讀書，如此沈潛數年。

　　梨洲又說：「成化二年，復遊太學，祭酒邢讓試和楊龜山〈此日不再得〉詩，見先生之作，驚曰：『即龜山不如也。』颺言於朝，以為真儒復出，由是名動京師。羅一峰、章楓山、莊定山、賀醫閭，皆恨相見之晚，醫閭且稟學焉。歸而門人益進。」[10]白沙隱居讀誦聖賢經典數年，其道學大進，在京城太學遊學，乃一夕而成名，返回家鄉以教化弟子為樂。其後雖曾奉旨上京，朝廷或授以官職，但白沙終究絕意仕途而歸返江門講學。

　　陳白沙如同他老師康齋，實行的是勞動與讀經的身心同修之儒家教學法，他及其弟子耕讀並行，過一種同時耕田和修學的生活，白沙在家鄉推廣儒教數十年，家有田二頃，他體弱多病，故

9　〔明〕黃宗羲：〈白沙學案〉（上），《明儒學案》，收入《黃宗羲全集》，同注2，頁80。

10　同前注。

田中操持用力之功，是由弟子行之，每穫，白沙取三成以自養養家，七成則歸書院學糧。他有詩〈詠江門墟〉：「二五八日江門墟，既買鋤頭又買書。田可耕兮書可讀，半為儒者半為農。」[11]白沙的儒學儒教的此種農儒風格，其實也是歷代隱居於民而講學傳道的儒家君子的傳統。

陳白沙曰：

> 僕年二十七，始發憤從吳聘君學。其於古聖賢垂訓之書，蓋無所不講，然未知入處。比歸白沙，杜門不出，專求所以用力之方，既無師友指引，惟日靠書冊尋之，忘寐忘食，如是者亦累年，而卒未得焉。所謂未得，謂吾此心與此理未有湊泊吻合處也。於是舍彼之繁，求吾之約，惟在靜坐。久之，然後見吾此心之體隱然呈露，常若有物，日用間種種應酬，隨吾所欲，如馬之銜勒也；體認物理，稽諸聖訓，各有頭緒來歷，如水之有源委也。於是渙然自信曰：「作聖之功，其在茲乎！」有學於僕者，輒教之靜坐。[12]

由此可見，白沙的儒學儒教，在本體上，是由伊川朱子之路轉出而歸向於陸象山之路，因為只一昧地在典籍文字中頭出頭沒，若無本心為首出而為體證之功，使己心與天理合一，則終究無有是處，離成聖成賢之境遠矣。特別是「吾此心之體隱然呈露，常若

11　李國鈞、王炳照、李才棟：《中國書院史》，同注8，頁643。
12　〔明〕陳獻章：〈復趙提學〉，收入〔明〕黃宗羲：《明儒學案》，同前揭書，頁83-84。

有物，日用間種種應酬，隨吾所欲，如馬之銜勒也；體認物理，
稽諸聖訓，各有頭緒來歷，如水之有源委也。」這句話語中的
「心體」，正是前之象山所言「本心」，亦正是後之陽明所言
「良知」。

白沙曰：

> 終日乾乾，只是收拾此理而已。此理干涉至大，無內外，
> 無終始，無一處不到，無一處不運會，此則天地我立，萬
> 化我出，而宇宙在我矣。得此欛柄入手，更有何事？往古
> 來今，四方上下，都一齊穿紐、一齊收拾，隨時隨處無不
> 是這個充塞。色色信他本來，何用爾腳勞手攘？舞雩三三
> 兩兩，正在勿忘勿助之間。曾點些兒活計，被孟子打併出
> 來，便都是鳶飛魚躍。若無孟子工夫，驟而語之以曾點見
> 趣，一似說夢。會得，雖堯舜事業，只如一點浮雲過目，
> 安事推乎？此理包羅上下，貫徹終始，滾作一片，都無分
> 別，無盡藏故也。自茲以往，更有分殊處，合要理會，毫
> 分縷析，義理儘無窮，工夫儘無窮。〔……〕夫以無所著
> 之心行於天下，亦焉往而不得哉！[13]

這一大段文章，是陳白沙的思想、心靈的精要，讀其語氣，是從
《論語》、《孟子》、《中庸》、《易經傳》而來者，亦甚得程
明道「天地人我一本」之意思，而且又能強調「一本萬殊」之體
用觀，在白沙，天地人我是有機整合而為一的，即本體而大用；

---

[13] 〔明〕陳獻章：〈與林緝熙〉，同前揭書，頁87。

大用中顯本體；且義理明則工夫才到，工夫到則義理才明。儒者
是以無所著之心而暢行於天下的，此無所著之心，也就是孔子所
言的「仁心」，孟子所言的「良知」，《中庸》的「誠」，
《易》的「元」。依此詮釋，白沙的儒學儒教並非伊川朱子系
統，而是從孟子一路而下，到北宋濂溪、明道再下傳南宋李延
平、陸象山之「心即理；性即理」的取向。

　　梨洲的思想和心性路數近乎陽明心學，故能體會白沙之教
法。梨洲曰：

> 先生之學，以虛為基本，以靜為門戶，以四方上下、往古
> 來今穿紐湊合為匡郭，以日用常行分殊為功用，以勿忘勿
> 助之間為體認之則，以未嘗致力而應用不遺為實得。遠之
> 則曾點，近之則為堯夫，此可無疑者也。故有明儒者不失
> 其矩矱者亦多有之，而作聖之功，至先生而始明，至文成
> 而始大。[14]

此所言「虛」和「靜」，莫誤以為是道家之風，而是儒家本有的
心性觀和存有觀，仁之無限且生生不息之剛健之德是虛，而仁之
無限且生生不息之柔順之德是靜。前者是乾而後者是坤，兩者之
元其實一也。故仁體的發用，就是天地空間和歷史時間為一個有
機整體而生生萬物均滿盈於其中。而在此一大片生機之中，能感
能應者即此仁心。換言之，人心是仁而天心也是仁，此心是同一
個心，它就是良知。梨洲特別點出白沙之儒家之道和教，正是曾

---

[14]　同注9，頁81。

點傳統，若依孔子，一切外王事功須先有曾點虛靜高潔之心為根基才可，這個心是一，而開發出去的事功則是多元的，故是「理一分殊」也。

在入路工夫上，白沙教弟子須「靜坐」，他說：

> 學勞攘則無由見道，故觀書博識，不如靜坐。[15]

> 為學須從靜坐中養出個端倪來，方有商量處。[16]

此兩句語，一則指出若用一個擾擾混混的習心去胡亂地讀雜多的書，或去識別雜多的事，不如靜坐下來收斂凝聚自己的心地而讓本來清淨的本心恢復其原來；一則指出透過靜坐之工夫而培養本心，這個本心即是為學之端倪，當然此所謂「為學」不是世俗見聞之知，而是聖賢之所以為聖賢的「德性之知」。

靜坐為治學入德之端倪，並不是白沙首創。他說出這個儒家工夫傳統：

> 伊川先生每見人靜坐，便歎其善學。此一靜字，自濂溪先生主靜發源，後來程門諸公遞相傳授，至於豫章、延平，尤專提此教人，學者亦以此得力。晦翁恐人差入禪去，故少說靜，只說敬，如伊川晚年之訓，此是防微慮遠之道。然在學者，須自量度如何，若不至為禪所誘，仍多著靜，

---

15 〔明〕陳獻章：〈與林君〉，同注 12 之前揭書，頁 87。
16 〔明〕陳獻章：〈與賀克恭〉，同注 12 之前揭書，頁 88。

方有入處。[17]

白沙點明了儒家的靜坐工夫，從周敦頤啟之，而二程及其後學亦重視之，遂從北宋洛陽南傳南宋福建，羅從彥及其高弟李侗皆看重靜坐。靜坐是儒釋道共法，但三教靜坐各有宗旨，不必相同。儒家靜坐不在於追求「涅槃寂滅」，也不是令此心復返「自然虛靈」，而是返回自己的清淨純一的本心之境。佛家之「涅槃寂滅」和道家之「自然虛靈」，皆不生萬法，無創生義；儒之乾元仁體，即天命之心，則是萬法的創造之源，具創生義。儒家和佛道兩家的靜坐，表面上看來，都是打坐，有何不同？但其目的則有大差異，因儒佛道之本體存有論根本不相同也。

陳白沙自述靜坐工夫，源於濂洛，並下及於閩北的羅豫章和李延平，當代新儒家蔡仁厚先生論及豫章和延平，有曰：

> 龜山、豫章、延平，皆福建南劍州人，三代學脈一線相傳，人稱「南劍三先生」。黃梨洲說龜山門下，豫章最無氣燄，而傳道卒賴之。又引其師劉蕺山之言曰：「學脈甚微，不在氣魄上承當，證之豫章而益信。」豫章從遊龜山，摳衣侍席二十餘年，推研義理，必欲到聖人止宿處。他教人最切要的工夫，即是「於靜中看喜怒哀樂未發時作何氣象」。這靜復以見體的體證工夫，是豫章真得力處。延平二十四歲從學於豫章，自後家居四十餘年，簞瓢屢空，怡然自適。延平之學，亦以「觀喜怒哀樂未發之大本

17　同前注，頁86。

氣象」為入道之方。黃梨洲以為這是「明道以來，下及延平，一條血路。」朱子亦說「此乃龜山門下工夫指訣。」[18]

豫章的儒教工夫入路就是「於靜中看喜怒哀樂未發時作何氣象」，而其高弟李延平之儒教工夫入路亦是「觀喜怒哀樂未發之大本氣象」，其實兩者是一樣的，都是蔡先生此段文章所說的「靜復以見體的體證工夫」。而若順朱子之所指，則楊龜山的工夫也是如此，上溯於北宋，可及於龜山之師明道先生。

　　「靜復以見體的體證工夫」，是必須回復到顏淵和曾點才可，就是生活和心靈，均必簞瓢屢空，怡然自適，此在吳康齋和陳白沙，都是這樣，此即所謂「顏曾之樂」，其實孔子之修為亦是如此，子曰：「飯疏食飲水，曲肱而枕之，樂亦在其中矣。不義而富且貴，於我如浮雲」。[19]如果連著孔子，則稱為「孔顏之樂」。[20]無論是「顏曾之樂」或是「孔顏之樂」，儒家的身心工夫境界，是由於依仁由義而建立其人生，故而在生活生命中發出淡泊簡樸清淨的安和怡樂，這就是儒家的最高修養之地。而儒教中有一個工夫傳統，即持之以恆的重要日課：「靜坐」。

18　蔡仁厚：《宋明理學‧南宋篇》（臺北：臺灣學生書局，1999），頁344。

19　《論語‧述而》。

20　程顥、程頤兄弟少年時期，隨其父珦見周敦頤問學，後來程子對人稱述濂溪的儒教工夫論，說道：「昔受學於周茂叔，每令尋顏子、仲尼樂處，所樂何事？」見〔北宋〕程顥、程頤：《二程集》，卷二上（臺北：漢京文化事業公司，1983），頁16。此句是程明道之語。

四、隨處體認天理的甘泉

陳白沙有一位廣東同鄉高徒湛若水，其時代與王陽明同，在
儒教之傳承轉化上，扮演了重要的角色。

湛若水（明憲宗成化二年－明世宗嘉靖三十九年，1466-
1560），字元明，家居廣東增城的甘泉都，故學者稱其為甘泉先
生。二十八歲（1493）參加會試，落第。次年二月，前往江門拜
白沙為師，白沙對他說：「此心非全放下，終難湊泊。」甘泉聞
之即悟，遂棄去功名利祿之心而一心求聖賢之道，在白沙的啟發
教化之中，甘泉終體悟了「隨處體認天理」的心學工夫。白沙死
之前，將江門的書院交給湛甘泉，甘泉為白沙廬墓三年，整理白
沙詩集，而且他日後一生足跡所至，往往建書院傳儒教，在書院
中必祀白沙。[21]

甘泉的儒教工夫，不反對他老師陳白沙最重視的靜坐，但卻
不特別標榜，甚至有批評，且認為靜坐之外，更有其他工夫必須
發揮。甘泉曰：

> 靜坐，程門有此傳授。伊川見人靜坐，便歎其善學。然此
> 不是常理，日往月來，一寒一暑，都是自然常理流行，豈
> 分動靜難易？若不察見天理，隨他入關入定，三年九年，
> 與天理何干？若見得天理，則耕田鑿井，百官萬物，金革
> 百萬之眾也，只是自然天理流行。孔門之教，居處恭，執
> 事敬，與人忠。〔……〕無事時不得不居處恭，即是靜坐

21　李國鈞、王炳照、李才棟：《中國書院史》，同注 8，頁 651-652。

> 也。有執事與人時，如何只要靜坐？使此教大行，則天下
> 皆靜坐，如之何其可也？明道終日端坐如泥塑人，及其接
> 人，渾是一團和氣，何等自然！[22]

甘泉不認為或不主張或反對儒家的教化修為工夫，只是一種「靜坐」。他說「若不察見天理，隨他入關入定，三年九年，與天理何干？」分明是點醒儒家不可學佛道兩教，以打坐的目的在乎遁入空靈或涅槃，儒家不能來這一套孤明內照而遺忘外王之終極關懷。如果是此種歸寂靜而入空虛，絕非儒門的天理。

　　甘泉強調的主張的修養教化之工夫，認為首要在於體認天理，只要天理在心中，則「耕田鑿井，百官萬物，金革百萬之眾也，只是自然天理流行」。此種工夫就是孔子所言「居處恭，執事敬，與人忠。」[23]而甘泉又特別提到明道先生終日端坐如泥塑人，及其接人，渾是一團和氣，何等自然。此句話，乃甘泉引明道高足謝顯道（良佐、上蔡，北宋仁宗皇佑二年－徽宗崇寧二年，1050-1103）形容他老師的工夫境界來說明自己的天理工夫觀。謝顯道曰：「明道先生坐如泥塑人，接人則渾是一團和氣。」[24]學者朱高正釋曰：

---

[22] 〔明〕湛若水：〈甘泉學案・語錄〉（一），收入〔明〕黃宗羲：《明儒學案》，《黃宗羲全集》，第八冊，頁161。

[23] 子曰：「居處恭，執事敬，與人忠。雖之夷狄，不可棄也。」見：《論語・子路》。此句包括在家和在外，遇事與人，基本的心性正是從仁發出來的恭敬忠誠。甘泉引孔子此言，表示天理不是兀坐發呆而可實現的，而是在生活的每一環節中就要身體力行的。

[24] 〔南宋〕朱熹、呂祖謙：《近思錄》。此句出自《近思錄》的卷十四〈聖賢氣象〉，第二十一條。

明道先生靜坐時就像泥塑人一樣，不偏不倚；與人相接待
時則全是一團和氣。可見明道先生持敬功深，故動靜之間
無不得宜。謝良佐親承其下，自有「望之儼然，即之也
溫」的感受。[25]

明道先生因其持守的心就是仁、就是敬，也就是天理，故無論靜
坐之靜或待人接物之動，都「無不得宜」。聖人氣象亦即「望之
儼然，即之也溫，聽其言也厲。」[26]他端坐在那裏，看去真是莊
嚴，而他跟弟子或他人相接時，又是如此溫馨寬和有如春風風
人，而他說出來的話語都是鼓勵勸勉關懷人們的仁義之言。

　　如上所釋，顯然甘泉的儒教就不止於白沙先生的「在靜中養
出端倪」。他自己拈出一個關鍵口訣來彰著他的儒教工夫論，此
句即：「隨處體認天理」。以下，茲引出幾條例子用以明之。

　　　　格者，至也，即格於文祖、有苗之格。物者，天理也，即
　　　　言有物、舜明於庶物之物，即道也。格即造詣之旨，格物
　　　　者即造道也。知行並進，學問思辨行，皆所以造道也。故
　　　　讀書，親師友，酬應，隨時隨處皆求體認天理而涵養之，
　　　　無非造道之功。[27]

甘泉以格訓至；以物訓天理，認為《大學》所言「格物」是所謂

「造道」。此是否合乎文字學之義，或是否合乎古義，且「道」
是否可以「造」，本文不予論析，而其重點則是「讀書，親師
友，酬應，隨時隨處皆求體認天理而涵養之」，他的意思是說天
理不是高高虛懸的抽象者或超越者，不是靜坐、打坐，把住心而
向內明照時所顯出的「光景」，天理是我們的本心在讀書、親師
友、酬應之中，隨時隨地具體印證踐履出來的，它是依事附物而
具體化的存有。用現在話語而言，本體的「一」是在繁興發用的
「殊」中顯現的，如同佛家偈語「月映萬川」，天上的月，一
也；萬川所映現之月，殊也。或是「千江有水千江月，萬里無雲
萬里天」，無雲的萬里天，天理之本身也，是一；千江的千江
月，具現天理於事事物物之中也，是殊。其實，甘泉的儒教工夫
論提揭「隨處體認天理」，是簡易之道，也就是為人父者要體認
慈，為人子者要體認孝；為人兄者要體認友，為人弟者要體認
恭；為人君者要體認仁，為人臣者要體認忠；為人夫者要體認
愛，為人妻者要體認敬，也就是居於倫常中的何種身份，就要體
會培養那種身份應有的倫理道德而實踐之，換言之，人須於人之
大倫中體認天理而涵養之。

> 吾之所謂隨處云者，隨心隨意隨身隨家隨國隨天下，蓋隨
> 其所寂所感時耳，一耳。寂則廓然大公，感則物來順應，
> 所寂所感不同，而皆不離於吾心中正之本體。本體即實體
> 也，天理也，至善也，物也，〔……〕乃吾之良知良能
> 也，不假外求也。[28]

---

[28]　同前注，頁 153。

再進一步，甘泉擔心人們不察，誤以為他所言的隨處體認天理，
是一種外鑠之方式。所以特別說明天理不外乎本心，是中正本體
的吾心，此心為何？就是孟子言之良知良能。由此可以明白甘泉
先生的儒教工夫論，其源頭實是孟子良知說，也就是盡心知性知
天、存心養性事天之後的親親仁民愛物之推恩的仁道。

五、儒家的教化工夫論之共法

儒學是有其傳承的，明儒心學其實可在宋儒理學以及先秦孔
孟之道中找到其傳統。吳康齋與弟子的自耕自食而同時講求儒學
的精神，源於孔顏以及顏曾的安貧樂道之傳統。陳白沙主張靜坐
依此而「靜中養出端倪」；湛甘泉不主張靜坐而提倡「隨處體認
天理」，兩種工夫境界，均非兩位明之大儒的開天闢地之獨創，
皆有其儒教之淵源。

茲以南宋李延平（北宋哲宗元祐八年－南宋孝宗隆興元年，
1093-1163）的靜坐工夫境界觀說之。靜坐工夫有其次第，當代
新儒家蔡仁厚先生分析李延平的儒教，認為有三個次第，茲引述
於下。

延平基本的工夫入路，是「默坐澄心，體認天理」，他教弟
子「危坐終日，以驗夫喜怒哀樂未發之前氣象為何如，而求所謂
中者」。這步工夫是一種「超越的體證」，就是與現實生活暫時
隔離一下（默坐、危坐），去作「超越的逆覺體證工夫」。於
此，天理與人欲會有截然的之對照，本心從私欲、氣質、情緒之
混雜中，澄然超脫出來回復其純一的本身。

默然靜坐涵養本心至乎此境，即白沙所說「靜中養出端

倪」。可是儒者並非就於此止住。延平要求弟子必須進一步漸澄漸養而使本心呈現於具體生活中而達到純熟自然之境，這就是延平所謂「灑然自得，冰解凍釋」，此非將心體停留在抽象狀態的光景中，而須是呈現於現實生活，以成就純正的道德行為。發展到生活、心思、生命的一切表現都灑然自得，此時才真是「天理流行」。因此，李延平的儒教，並非只停留在書本文字的講解的此種「支離」之教，而是從靜坐到勞動生產以及日常應對、處理人事物等世間之事務，都是天理仁德之教化所及。[29]

　　明儒陳白沙強調並力行「靜坐」，由靜中培養仁心德慧，此種工夫觀和其行事及目標，其實乃是淵源於延平之風。而延平要求弟子危坐終日以驗乎明覺之本心，其作風亦非獨創，因為上溯其師羅從彥，及其太老師楊時，莫不如此，而此種儒門的靜坐之教學法，北宋的程明道和伊川已經予以肯定實施，所以是一種儒教工夫的傳統。

　　再以南宋湖湘學派的胡五峰之儒教工夫論來加以詮釋。本文仍依蔡仁厚先生的論述來加以陳明。

　　胡宏（北宋徽宗崇寧四年－南宋高宗紹興三十一年，1105-1162），字仁仲，是胡文定（安國）的季子，學者稱五峰先生。胡五峰曾問學於楊龜山，又追隨二程門人侯師聖，但胡安國之春秋經之儒學對他影響最深。因避大奸臣秦檜，五峰隱居不仕而在湖南衡陽一帶講學，遂開「湖湘學統」。蔡仁厚先生指出五峰的儒學儒教之主要思想在《知言》一書中。五峰在該書一開始曰：

---

[29]　以上關於李延平之論釋，依蔡仁厚：《宋明理學・南宋篇》（臺北：臺灣學生書局，1999），頁 69-72。

「道充乎身，塞乎天地，而拘於墟者不見其大；存乎飲食男女之
事，而溺於流者不知其精。」依此，蔡先生點明胡五峰之儒教是
「即事以明道：道充乎身，塞乎天地，無所不在。」於是蔡仁厚
先生詮釋而曰：

> 所謂「事」，是指行為之所及，亦即以己身為本所涉及的
> 日常生活，乃至於日常生活所涉及的一切有關之事；所謂
> 「道」，是指通過道德實踐所要彰著之道，亦即道德律
> 令、道德法則、道德性的實理天理之道。即事以明道的
> 「即事」，是表示不離開道德實踐之中心、不離開人本人
> 文之立場。「即用顯體」、「即器明道」，亦不能離此中
> 心與立場而空言泛言；否則，「即用」未必能顯道德性之
> 實體；「即器」亦未必能明道德性之天道。反之，有此中
> 心以提挈之，有此立場以貞定之，則「即事以明道」亦自
> 無窮盡、無限量。所謂「拘於墟」，是為私意私見所固
> 蔽，所以不見道之大；「溺於流」，是為私欲惡情所陷
> 溺，所以不見道之精（精純、精微）。此皆由於未能開啟
> 其本心，清澈其生命本體，以真作道德實踐之故。若能解
> 除其私意私見之固蔽，超拔其私欲惡情之陷溺，則自能見
> 得「道」本是「充乎身，塞乎天地」，而無所不在。所以
> 「即事以明道」，乃是由己到人、由己到物之無窮盡無限
> 量的道德實踐，是至廣大而又極精微的。[30]

---

[30]　以上關於胡五峰之介紹以及相關詮釋，見蔡仁厚，同前注，頁 19-37。
　　再者，蔡先生善述牟宗三先生在《心體與性體》中對宋明儒學六百年的

由上所述，其實無論是五峰所言「道充乎身，塞乎天地」，或甘泉所言「隨處體認天理」以及於當代新儒家蔡仁厚先生所言「即事以明道」，雖文句話語不一，但其儒教的工夫境界論，卻是一樣的。靜坐是一法門，但求道行道的方式不能僅止於靜坐，且靜坐不是目的，透過靜坐而復回本心之初，並實現於事事物物中，使世界所有存在皆是仁之發用顯揚，此才是儒教的宗旨。可見儒家的儒學儒教必有其一貫之傳承，從孔孟直至宋理學家，再至明心學家，一直到現在的當代新儒家，都有相同的工夫境界，必由本心發用而實踐於一切萬事萬物，在生活世界和人文世界中，處處時時均須體悟涵養踐成其仁心德慧。

六、結論

無論是宋儒或明儒，他們講學傳道，都不是依附官學，也就是不在體制內的教育系統中實施儒教。他們是以書院來講學的，儒家的工夫和境界就在其中進行學習、實踐以及圓成。

講學的場所規模有發展。吳康齋清貧，故以其居家和田園為教化之地。弟子同住農宅，同耕並食。至陳白沙則創立書院。據記載，其講學、生活的書院有：

> 「小廬山書屋」，亦稱「小廬山書院」，建於成化二年
> （1466）。四方來學者居住、學習於此。

大儒一組三系論之判教。所以，本文以蔡先生的論述為證而有所詮釋，其實即是從牟宗三先生到蔡仁厚先生一路而來的當代新儒家的思想脈絡。

「碧玉樓」，成化二十年（1483），始於此書院講學。

「江門釣臺」，弘治七年（1494），湛若水來學，特別築造此書院，於此講學。

「嘉會樓」，建於弘治七年（1494），此書院是白沙聚徒講學之建物最寬大、風景最美的場所。[31]

湛甘泉學成且成名之後，則已擴充講學的書院於許多地方，相較康齋和白沙，顯出儒家門派的發展和弘揚。據記載，其講學書院有：

「新泉書院」，約建於嘉靖八年（1529），在南京的長安街。

「新江書院」，約建於嘉靖十二年（1533），在江浦縣南門外。

「甘泉行窩」，建於嘉靖七年（1528），在揚州廣儲門外。

以上書院是在南京周圍。而在安徽還有四個書院：

「甘泉書院」，建於嘉靖六年（1527），在九華山上。

「斗山精舍」，建於嘉靖十年（1531），在徽州府城東北、歙縣境內。

「福山精舍」，建於嘉靖二十七年（1548），在婺源縣城南。

---

[31] 李國鈞、王炳照、李才棟：《中國書院史》，頁 641-642。

「天泉書院」，不知創建年份，在徽州府休寧縣。[32]

由上所記，甘泉的書院多集中於南京和徽州、婺源地區，乃是因為他在南京作官的緣故。而且，多集中於明世宗的前期，可能是陽明逝後，陽明後學特別是江右學派、浙中學派以及泰州學派許多大儒皆奉陽明的「致良知教」，蓬勃興盛地講學於中國東南，此風潮亦激發起甘泉及其弟子也廣建書院而甘泉講其「隨處體認天理之教」。由此可見，甘泉如同陽明，由於有高官之要職，不可能常住於一個定點的書院長期生活傳道其中，儒教的傳播的方式遂有所不同，弟子和山長不必然一起生活、勞動、論道、修心。

現代是現代化都市化的社會，人群高度流動且職業、身份多元。傳統的居住勞動靜坐講習一起的書院之教已不可能存在，若有此種形式，經營亦甚為困難。如何在大都會區以及已經異質的鄉村有效地傳揚儒教，值得吾人深思並努力踐成。

修正於天何言齋 2018/10/18

---

[32]　同前注，頁 655。

臺灣儒學

陸　丘逢甲的傳統儒學及其新教化

一、前言

　　孟子評價古代幾位聖賢，說：「伯夷，聖之清者也；伊尹，聖之任者也；柳下惠，聖之和者也。」[1]論及孔子，則曰：「孔子，聖之時者也」。[2]此話何解？孟子如此詮釋：「孔子之去齊，接淅而行；去魯，曰：『遲遲吾行也，去父母國之道也。』可以速而速，可以久而久，可以處而處，可以仕而仕，孔子也。」[3]依此，則孟子稱孔子的聖之時者的「時」，就是朱子解釋的「孔子仕、止、久、速，各當其可。」[4]所謂「各當其可」，實指什麼？即不得已而須離開父母邦國時，由於對父母邦國之深情厚愛，故不忍行，因而「遲遲吾行」；而齊是他國且其君待儒家無禮，孔子不願道統受辱，故立即離去，且惟恐離開太

---

[1]　《孟子・萬章下》。

[2]　同上注。

[3]　同上注。

[4]　〔南宋〕朱熹：《孟子集註・萬章章句下》，收入朱傑人、嚴佐之、劉永翔主編：《朱子全書》，第陸冊（上海：上海古籍出版社、合肥：安徽教育出版社，2002），頁383。

遲。換言之，儒家處世施政之標準依仁道而行。故孔子的這個「時」，指的是朱子所言的儒家的仕、止、久、速的時機，乃根據其實情實狀的「可」或「不可」，然而可或不可，又是根據什麼？那就是根據仁義之道。

「聖之時者」還有一個標準。孟子說：「孔子之謂『集大成』。集大成也者，金聲而玉振之也。金聲也者，始條理也；玉振之也者，終條理也。始條理者，智之事也；終條理者，聖之事也。」[5]後世儒者秉此精神和原則，一貫性地盡心戮力踐成內聖外王，為官則濟民愛物；為師則有教無類；承平時代，盡其五倫禮樂，若遇亂世，則秉《春秋》大義而正君臣之義、嚴夷夏之防。

孟子論聖之時者，固然是以孔子為典範，但並非表示有志氣的儒者就不能嚮往此種聖人功夫和境界。其實孟子希望後儒應以孔子的聖之時者之高度為生命的楷模。後世大儒多有這樣實踐並完成他的生命和人格之成就的。

本文特以乙未抗日的客家籍臺灣大儒丘逢甲（清同治三年，－民國二年，1864-1912）為例加以闡述，他正是儒家之聖賢以時的典範，善用《大易》、《春秋》的道德倫常和形上睿智來對應他生存的那個亂世，而為後人提供崇偉的儒家形象和內容。

二、客家地區的儒家教化

客家學者陳運棟認為客家精神的核心實即儒學儒教。他說：

5　《孟子・萬章下》。

> 客家〔……〕重道德、重義氣、重禮節、重理智、性剛
> 強，仍具古風，保存漢族學統，最為純粹。〔……〕其守
> 禮節、重道義、好學問、講倫理，均表現中原民族氣質。
> 惟幾經離亂，披星戴月，更養成其堅忍卓絕，耐勞、耐
> 苦，獨立奮鬥之精神，養成其向外發展，冒險犯難的精
> 神。[6]

客家精神之根源乃是儒學儒教。陳氏又引胡文虎之言提出客家人
的四種精神，一是刻苦耐勞；一是剛強弘毅；一是仂勤創業；一
是團結奮鬥。[7]這四種精神也是源於孔孟儒家的教化。

　　客家學開創者羅香林對於客家人的儒家文教言之甚詳。羅氏
曰：

> 宋明二代，閩贛浙粵，理學最盛，客家學子，〔……〕出
> 而研治理學的，殊不乏人。〔……〕其比較著稱的，在宋
> 有長汀楊方，寧化張良裔：楊方字子直，號淡軒，宋隆興
> 元年進士，嘗入武夷山，從朱子受學，贊朱子興白鹿洞，
> 朱子訂濂溪《通書》，楊出藏本相校，《朱子語錄》亦載
> 淡軒學語。楊晚年歸里講學，高足如邱麟叔姪，亦以理學
> 著稱；良裔字景元，宋紹興五年進士，為人崇向正氣，宣
> 和三經義行，良裔獨宗承程學，屢躓不變。[8]

6　陳運棟：《客家人》（臺北：聯亞出版社，1983），頁380。

7　同上注，頁381。

8　羅香林：《客家研究導論》（臺北：南天書局有限公司，1992），頁
　　192。

羅香林指出南宋有長汀客家人楊方，是朱子的高足，參贊朱子新修白鹿洞書院，也參與朱子校正註解周敦頤的《通書》，在《朱子語錄》中載有楊方與朱子學儒時的對話，這些行誼均證明楊方是朱子儒學的重要傳人，而他晚年在長汀設帳授徒，教化閩西客家子弟，客家人集聚的閩西遂成朱子儒學儒教傳播深敷之地區。

　　到明朝，客家儒學儒教亦有成就，羅氏說：「在明則有惠陽葉春芳、葉天佑、葉時、葉春及、葉蕚、楊傳芳、楊起元、駱鳴雷，信豐俞溥，龍南月華，南康劉昭文、王事聖，翁源李輔，興寧張天賦，長汀楊昱、鄧向榮、沈士鑑諸人。」[9]此處謹就其提到的明儒之前面數人的學行敘述於下：

> 春芳，字應元，游南監時，值湛甘泉為祭酒，「一見甚相得，遂學焉，〔……〕甘泉稱其學問純正，遣二子師之。」天佑，字克常，「為學一稟程朱，不隨不激，教人必先孝悌，自灑掃應對，至於性命之際，學者翕然從之。」〔……〕葉時，字允中，「少師南海龐弼唐嵩，後揭陽薛中離侃至，時與謝憲，迎而館於西湖禪林，〔……〕自是篤信良知之學，述遺旨（指薛）作《大學解》。」〔……〕春及，字化甫，號絪齋，「其論學恪守程朱，計偕時，過吉州，賦詩贊羅文恭，居旬日，舉凡心性、知行、博約、忠恕、中和、道器、天人、有無、鬼神、格致、敬義、慎獨，一貫之旨，無不辨論，念庵稍異，竟不北面，而去石洞，以後，所造益深。」「春及剛

9　同上注。

方廉介，學行表表一時，所為文高古雄偉，出入左史秦漢，在惠安著政書，在崇文，著《權書》，皆屬注經畫，詳察不苟。」葉萼，字韓夫，號浮谷，薛中離講《易疏》、《魯論》及各經釋義於西湖禪林，浮谷為之訂正，晚年主講惠州天泉書院。〔……〕傳芳，字體晉，號肖齋，「嘗從甘泉遊，聞白沙陽明之學，〔……〕嘗曰：『聖訓如醫方，隨病增減，不可泥，惟執中二字為固本丸。』〔……〕」又與葉允中同於鄉講學，與南海龐嵩相應和。〔……〕 [10]

上引羅香林論明朝客家籍儒者，由於文長，筆者僅錄前面六位儒士，即可明瞭明朝在客家地區的儒家，雖亦延續宋代程朱儒學，而後則多從學或研治陳白沙、王陽明、湛若水、薛中離、羅念庵等明代心學者。彼等重良知本心，卻也重視儒家經典的研習和教學。

羅香林徵引了不少文獻表彰了宋明兩朝，在閩粵贛客家地區，培養了載諸史冊中的儒者，證明儒學儒教已經形成客家地區的基本文教內容。

客家地區的儒學儒教之深播育才，並不是羅香林個人之見。當代學者謝重光也對閩西客家的儒教情形，有一番論述。謝氏提到宋代以來，汀州州城和長汀縣有很多書院，而在冠豸山也有仰止亭、丘氏書院、尚友齋、悠然閣、竹徑書院、樵唱山房、修竹書院、東山書院、五賢書院、雁門書院等。而令人驚訝的是在偏

---

10 同上注，頁 192-193。

僻的宣和鄉培田村竟也有六個學堂以及兩個書院。[11]謝重光特別
提到大儒羅豫章來閩西客家地區講學之盛舉。他說：

> 仰止亭的歷史最悠久，為文亨羅氏所建，〔……〕南宋初，
> 理學名家羅從彥應連城羅氏宗親之聘，於建炎二年至紹興
> 元年（1128-1131）的四年間，前來仰止亭講學，一時間閩
> 西、閩北群儒匯聚，窮究心性，發明義理，著書立說，啟
> 沃後學，在福建理學發展史上寫下光輝的一頁。〔……〕
> 他的五世孫羅良凱追蹤先祖，也來仰止亭讀書，與同樣結
> 廬冠豸山的本地俊彥丘鱗、丘方叔姪時相過從。[12]

南宋大儒羅從彥（豫章先生），是大儒楊龜山的傑出弟子，他將
儒學傳授給李侗（延平先生），而李延平的高弟就是朱子。羅從
彥是閩北人，他非客家籍，但由於閩西客籍羅氏宗族的敬邀而到
仰止亭講授二程的洛學，因此，將北宋理學家的道脈、思想、文
風，傳入閩西，因而客家人的儒學儒教得以發揚深化。

　　宋是如此，然則明又如何？謝重光論王陽明撫贛，撰立《南
贛鄉約》並建「家牌法」，主動推動官學和書院之教於當地，此
區其實就是客家人集聚地區。而謝氏說：

> 王陽明撫贛取得巨大成功後，贛閩粵邊客家地區的學術思
> 潮也發生重大變化，陸王心學取得前所未有的地位，大行

---

[11] 謝重光：《閩臺客家社會與文化》（福州：福建人民出版社，2003），
頁 134。

[12] 同上注，頁 134-135。

於贛閩粵邊客家地區。〔……〕偏遠的粵東也為陽明學所
征服。揭陽薛侃早在正德九年（1514 年）即入王陽明門
下，從學三年，正德十二年（1517 年）登進士第後，復
從陽明於贛州三年，深得陽明倚重。經他介紹，其長兄薛
俊率家族中群子弟姪（包括幼弟薛僑，長子薛宗鎧、次子
薛宗銓等）前往贛州，請益問學。在薛氏兄弟子姪等人的
推動下，陽明心學遂大盛於潮州。[13]

上述羅香林和謝重光提到的薛侃（薛中離）是王陽明的傑出弟
子。陳椰編校《薛侃集》，有曰：

> 薛侃（1486-1545），字尚謙，號中離，廣東揭陽（今潮
> 安縣庵埠鎮薛隴村）人。正德九年（1514）師事王陽明於
> 贛州，後陸續接引兄弟子姪及潮州眾士人拜入王門，自此
> 王學流播於嶺南。正德十二年（1517）登進士，〔……〕
> 晚年遊學江浙，後寓居惠州羅浮山、西湖講學傳道近四
> 年，〔……〕
> 薛侃是王陽明早期及門高弟，一生致力於維護師門，弘揚
> 師說，對陽明學的發展作出了較大貢獻。他首鈔《朱子晚
> 年定論》，首刊《傳習錄》，與王龍溪合編刊刻《陽明先
> 生則言》，還命其侄薛宗鎧刊刻《陽明先生詩集》。他積
> 極參與經理陽明的家族事務，如教導陽明兒輩，料理陽明

---

[13] 謝重光：〈宋明理學在客家地區的傳播〉，收入周雪香主編：《多學科
視野中的客家文化》（福州：福建人民出版社，2007），頁 14。

> 後事等。先後築杭州天真精舍、潮州宗山書院祭祀陽明，
> 團結同門，傳播王學，為同門所推重。黃宗羲《明儒學
> 案》將薛侃列為閩粵王門之代表人物，不為過也。[14]

僅以揭陽或潮州薛門為例而言，他們弘揚提倡陽明心學，就已提升促進了粵東的儒學，黃梨洲甚至推崇薛中離為閩粵王學的代表，可證嶺南客家的儒學早已散播深耘。客家地區書院發達、儒教鼎盛，且有大儒的啟蒙開講，包括宋之朱子理學以及明之陽明心學，所以，經過幾百年的浸潤，客家人是儒學儒教頗具涵濡的民系。

三、臺灣的儒學儒教

明永曆十五年（1661），鄭成功帶著抗清的軍民泛舟征臺，把荷蘭人趕走，中國納臺灣入版圖。受理學心學之沾溉浸透，華東和華南早已是儒家文教之地區，而鄭成功是南京太學的弟子員，其追隨者多有浙閩粵地區的儒士，成功本是一介儒生，故明鄭起始，成功本有儒家人格，影響所及，在臺灣推展儒教，乃屬自然。康熙二十二年（1683），清降服明鄭，清朝弘揚的朱子儒學也就進入臺灣。所以垂兩百多年的歷史，臺灣已是儒學儒教為文化核心的中國領土。

連橫曰：

---

[14]　陳椰：〈薛侃集編校說明〉，收入〔明〕薛侃：《薛侃集》（上海：上海古籍出版社，2014），頁 1-10。

永曆十九年八月，以諮議參軍陳永華為勇衛。永華
〔……〕請建聖廟，立學校，從之。擇地於寧南坊，面魁
斗山，旁建明倫堂。二十年春正月，聖廟成，經率文武行
釋菜之禮，環泮宮而觀者數千人，雍雍穆穆，皆有禮讓之
風焉。又命各社設學校，延師以課子弟，〔……〕三月，
以永華為學院，葉亨為國子助教。教之、養之，臺人自是
始奮學。[15]

明鄭在鄭經時代，由儒臣陳永華規劃，在東寧（今臺南市）創建
文廟和明倫堂，且於轄內各大小聚落建立社學，於是中國儒家的
教育，從此正式在臺灣播種、生根、茁壯。

連橫在《臺灣通史・教育志》另有詳說，曰：

凡民八歲入小學，課以經史文章。天興、萬年二州，三年
一試。州試有名者移府，府試有名者移院，各試策論，取
進者入太學。月課一次，給廩膳。三年大試，拔其尤者補
六科內都事。〔……〕當是時，太僕寺卿沈光文居羅漢
門，亦以漢文教授番黎。而避難搢紳，多屬鴻博之士，懷
挾圖書，奔集幕府；橫經講學，誦法先王。洋洋乎，濟濟
乎，盛於一時矣！[16]

明鄭在臺灣的儒教，在陳永華的籌畫和推行之下，合乎明朝的官

---

[15] 連橫：《臺灣通史・建國紀》（臺中：臺灣文獻委員會，1976），頁
28-29。

[16] 同前揭書，〈教育志〉，頁214。

學體制，有學有考，並從小學上升到大學而通過科考，國家得以
養成人才。此是體制內儒教，而在民間，則有遺民儒者於社區中
對漢番少年施以文教，且多有參與政府的政策謀略規劃者。由此
可見明鄭之祚雖短，但卻已在臺灣有效推展了儒學儒教。

　　清廷治臺之後，臺灣儒教又如何？連橫曰：

> 康熙二十二年，知府蔣毓英始設社學二所於東安坊，以教
> 童蒙，亦曰義塾。其後各縣增設。二十三年，新建臺、鳳
> 兩縣儒學。翌年，巡道周昌、知府蔣毓英就文廟故址，擴
> 而大之，旁置府學。由省派駐教授一員，以理學務。而縣
> 學置教諭，隸於學政。其後各增訓導一員。然學宮虛設，
> 義塾空名，四民之子，凡年七、八歲皆入書房，蒙師坐而
> 教之。先讀三字經或千字文，既畢，乃援以四子書，嚴其
> 背誦，且讀朱註，為將來考試之資。其不能者，威以夏
> 楚。又畢，授詩、書、易三經及左傳，未竣而教以制藝，
> 課以試帖，命題而監之作。肄業十年，可以應試。其聰穎
> 者則旁讀古文，橫覽史乘，以求淹博。[17]

依此，清朝臺灣，雖有體制內官學，但其多有廢弛不張者，臺灣
學子多靠地方民間自己設立的私塾稱為「書房」而受教焉。書房
中的教育科目，童學是《三字經》、《千字文》，學完，再授生
童以《四書》，以朱子《集註》為準，並且也教授《詩》、
《書》、《易》以及《左傳》。大體須在書房研習十年，才能畢

---

[17]　同上注。

業。當然，清朝臺灣，如同大陸，無論是文廟、書院以及民間私
塾的教育童子至青年，其主旨是為了科舉考試。臺灣許多生員還
渡海去省城福州以及赴京參加科考。雖然讀書的目的在於應付科
舉以求中舉而走仕宦之途，但其內容是儒家經史，所以依然可以
在其中培養有學有品的儒士。

　　然而，清代臺灣的官學和書院，主要是在漳泉籍人士為主的
城邑，客家人的地區其實甚少或幾乎沒有文廟和書院，[18]客家子
弟的教育，甚多是在民間書房中學習。

　　臺灣客家籍大儒丘逢甲，就不是從廟學或書院中習儒，而是
以父為師，在大家族的書房中習得儒家的常道慧命。茲以丘逢甲
的年譜來說明他的習儒簡歷。[19]

　　　一八六四年（同治三年，甲子），一歲。

　　　　十二月二十六日（陰曆十一月二十八日）丑時，生於
　　　福建省臺灣府淡水廳銅鑼灣雙峰山（今臺灣省苗栗縣銅鑼
　　　鄉）之李氏家塾。[20]

---

[18] 據連橫的《臺灣通史‧教育志》，臺灣廟學有：臺南府儒學、安平縣儒
　　學、嘉義縣儒學、鳳山縣儒學、臺灣府儒學、彰化縣儒學、臺北府儒
　　學、新竹縣儒學、宜蘭縣儒學。這些儒學是建立在文廟中，廟學一體。
　　無一是在客家人的地區。又，其所列的書院，只有「光緒十三年建」
　　（按實為光緒十五年）的英才書院，是唯一在客家人的城邑建立的書
　　院。足證清朝治理臺灣，客家人相對於漳泉籍閩人而言，其政經文教地
　　位是遠遠不如的。

[19] 丘晨波、黃志平編：〈丘逢甲年譜簡編〉，收入氏主編：《丘逢甲集》
　　（長沙：嶽麓書社，2001），頁 971-976。

[20] 按：李氏家塾在銅鑼灣莊的李氏宗祠，而不是在雙峰山上。

父丘龍章，貢生，逢甲出生時在李氏家塾任教，三十二歲。母陳氏，二十七歲。兄先甲，八歲。

一八六六年（同治五年，丙寅），三歲。

開始學認字，聰穎過人，父指李氏祠堂上「孝」、「悌」二字，教子辨認。

一八六七年（同治六年，丁卯），四歲。

入李氏家塾讀書（李祥甫秀才辦），父親教之。「以父為之師，讀書同一堂」，「予與弟皆未更他師」。[21]

一八七三年（同治十三年，癸酉），十歲。

春，丘龍章移至彰化縣三角莊（今臺中神岡）魏家設教，隨父就讀。

認識臺灣名士、舉人吳子光，並結識吳氏弟子呂汝玉、汝修、汝誠三兄弟，得以借閱呂氏筱雲山莊大量藏書。

一八七五年（光緒元年，乙亥），十二歲。

隨父遷往東勢新伯公莊劉氏家塾就讀，並佐教蒙童，仍與吳子光及呂氏兄弟來往，住溪心祖居。

---

21 當時銅鑼灣莊秀才李祥甫在李氏祠堂辦李氏家塾。年譜中提到的宗祠和家塾是同一建築物。此李氏宗祠至今仍在。

一八八〇年（光緒六年，庚辰），十七歲。

隨父到彰化王子社（今臺中豐原翁子里硯池）丘氏書塾佐教兼讀書。舉家遷至該處。

一八八六年（光緒十二年，丙戌），二十三歲。

隨父讀書並佐教。

一八八七年（光緒十三年，丁亥），二十四歲。

唐景崧任臺灣兵備道。讀逢甲《臺灣竹枝詞》百首，許為才士，因約見，羅為門生，與三弟樹甲同入「海東書院」深造，得閱唐府豐富藏書。

丘逢甲從三歲直至二十三歲，皆是跟隨父親丘龍章，在大家族的私塾中受教，而其師就是其父。丘龍章的坐館，由此年譜可以知道是在苗栗銅鑼灣莊的李氏家塾、臺中神岡的魏氏家塾、臺中東勢新伯公莊劉氏家塾、臺中豐原翁子里丘氏書塾等民間的家族書房。追究清朝時期於臺中這個地區，丘龍章設教之書房應該是客家人的大家族建立的私塾。換言之，當時臺灣的廟學、書院幾乎都設置於閩南人的地方，客家儒者若在客家人地區傳播儒學，只能就民間家族的私塾，在其中坐館設帳施教，其清貧辛苦，可想而知，而丘逢甲之接受儒教，一方面就其父而學之，是一方便，雖然古有「易子而教」之訓，但丘龍章和逢甲父子卻完美地實踐了師生之德；一方面清貧丘家亦不可能有雄厚家財來支持少年丘逢甲去通都大邑或臺灣府的官學或書院就學。

丘逢甲的人格、道德的造就，是他從小到二十三歲入海東書

院之前這二十年完成的，他的啟蒙師是丘龍章，而不是賞識他的丁日昌、唐景崧，也不是苗栗舉人吳子光。因此，何以丘逢甲於乙未割臺慘變時，會領導抗日，且又於內渡返廣東之後，會從事傳統儒家道德倫常之教育以及現代西學之教育，同時又支持孫中山的國民革命，實在是與其父丘龍章的人格、道德、學問之啟迪感召有莫大之關係。因此，需簡明說明丘龍章的行誼，而丘氏家族亦不可能憑空就有丘龍章和丘逢甲此種高尚人格的父子，故亦須上溯丘氏之先祖。

　　丘氏先祖有一支於宋中葉遷往福建，先定居於邵武府的禾坪，後移居汀州府的寧化縣，直到宋高宗南渡後，丘氏始由寧化徙居上杭。[22]徐博東、黃志平說：

> 上杭丘氏第八世丘夢龍，是南宋具有強烈民族意識的著名理學家朱熹的再傳弟子，對《易經》頗有研究。此後，丘氏後裔直傳至丘龍章乃至丘逢甲等，皆「篤信程朱理學，一以躬行實踐為主，故諸子出而任事，堅苦能耐，毅然不避艱險，由其家教然也。」〔……〕丘夢龍之子丘文興，是南宋民族英雄岳飛的重孫女婿，嫺《六韜》，諳兵略，南宋末年，他率鄉里子弟追隨文天祥起兵抗元，入幕參與軍事。五坡嶺之役，文天祥兵敗被俘，丘文興收集殘部，隨即舉家移民廣東梅州石窟都（明置鎮平縣，即今廣東梅州市蕉嶺縣），〔……〕丘文興改名創兆，建「相公祠」

22　徐博東、黃志平：《丘逢甲傳》（臺北：海峽學術出版社，2003），頁5。

和「宋思亭」，祭祀民族英雄文天祥，「以寄遺民之思，
其後代子孫雖有學行，但終元不仕。」[23]

據上所述，丘逢甲的先祖是宋時德學俱佳的儒者，其學脈傳自朱
子，重《春秋》大義，甚至在國難當頭時，親身參與抗拒蒙古之
入侵，且於兵敗後慨然歸隱，堅守遺民儒家之節操，其丘氏家規
規定子孫絕不可出仕元廷事虜。

「忠孝廉節」之道，是朱子於宋乾道三年，在長沙嶽麓書院
應張南軒之請而手書的四個大字，成為朱子給國人的最簡潔的德
目。丘氏從丘夢龍、丘文興開始，就切實踐履朱子儒學的常道。
丘逢甲深受其父教誨，亦早承家訓，在其心性中發生了根本的作
用。他青少年時，作〈讀《宋史・岳忠武傳》〉，對岳武穆深致
景仰尊崇之心，乙未兵敗返回大陸，他親自主持校訂丘氏族譜，
為丘文興創兆公作家傳，把自己創辦的族學命名「創兆學堂」。
他創作了許多頌揚岳飛、文天祥的文章，也常憑弔或引領修建潮
嘉等地的文天祥紀念性建物。[24]此在在顯示丘逢甲之以華夏之道
抗擊日寇的夷狄之道，是源自他的先祖夢龍公、創兆公的儒家人
格和生命的實踐。丘逢甲就是踐成忠孝廉節。

丘逢甲的曾祖父丘仕俊（1756-1828）於清乾隆中葉遷臺，
定居於臺中東勢，兩代人以國術拳法以及耕種耘植建立丘家產
業。逢甲之父丘龍章卻喜文教，咸豐六年（1856，丙辰）考中秀
才，又拔為貢生。遂安於塾師傳播儒教之志業而清貧簡樸一生。

23　同上注。
24　同上注，頁 6。

　　據徐黃兩氏的敘述，丘龍章是一位程朱儒學的實踐者，鄉人尊稱其為濳齋先生。他撰有《覺世詩存》，勸世人「恤孤憐貧」、「救難濟急」、不可「損人利己」、「倚富壓貧」。這些教誨都是宋明清近世的儒釋道三教融合發展的中國社會的生活倫常。丘龍章可以說是望重地方上的道德學問皆優的儒紳。[25]

　　再者，丘逢甲的抗日言行，其父之影響亦甚顯著，同治十三年（1874），日本入犯恆春半島牡丹社，丘龍章聞訊而警惕曰：「終為臺患者，其日本乎？」可見並非一個地方小儒，他是深有現代知識的開放心靈之儒家；又，光緒十年（1884），法軍進侵基隆，丘龍章觀察情勢，判斷說：「觀敵一封港則不得出入，無海軍則臺不可守，明甚。」事之發展，果然如丘氏之預料。光緒二十年（1894），甲午之役起，中國敗戰，丘龍章憂心萬分，認為日寇必割臺灣，「臺灣乃中國東南七省屏藩，臺灣一旦不保，中外之局不堪設想。」果然未來東亞局勢正如其研判而發展，足證丘龍章的見識深有知時而通達的智慧。乙未割臺，丘氏鼓舞丘逢甲組織義軍禦敵，並支持其子毀家而赴國難，丘逢甲奉父命，真的在乙未抗日之局中，以一介書生而全力支持唐景崧創建「臺灣民主國」，結合地方生員如姜紹祖、徐驤、吳湯興、邱國霖等儒士組建抗日義軍並與黑旗軍劉永福、吳彭年等人，共同殺敵衛臺。臺灣淪陷，丘龍章隨丘逢甲一家返回廣東蕉嶺原鄉，丘氏轉而支持鼓勵丘逢甲在粵東興辦儒學以及新學的書院和學堂的教育。[26]

25　同上注，頁10。
26　同上注，頁10-11。

　　依上所述，丘逢甲之所以成為一位臺灣少數大儒之一的原因，是由於他的先祖本來就是紫陽夫子理學之再傳弟子，本來就以忠孝廉節的道德常道作為傳家精神，且參與對抗夷狄的志業，故其家風敬重聖賢英雄豪傑，至乎丘龍章身為一位書房儒師，其教學精神並非要求學子追求榮華富貴，而是以成聖成賢為大志督導學子。所以，丘逢甲步上抗日生涯以及支持孫中山先生的國民革命，乃是其丘氏先祖和父親相傳不變的程朱儒學教導的春秋嚴夷夏之防的大義之影響，而其後半生在大陸的教育工作，以傳統儒道為核心並且開放地吸收消化西學，亦源於其丘氏先祖和其父潛齋先生的人格氣象之感召與啟發。

四、丘逢甲的春秋大義與臺灣的眷念

　　儒家嚴格區分華夏與夷狄的差別，《論語》載：

> 子貢曰：「管仲非仁者與？桓公殺公子糾，不能死，又相之。」子曰：「管仲相桓公，霸諸侯，一匡天下，民到于今受其賜，微管仲，吾其被髮左衽矣。」[27]

孔子嘗批評管仲小器，但此是小節，而在大節處，孔子許管仲以仁，其出發點是管仲輔佐齊桓公九合諸侯、一匡天下，團結了華夏諸國，因而成功地擋住了夷狄之入侵中土。由此可見孔子是明明白白地以華夏的禮樂之道來抵拒夷狄的。這即是中國傳統的

---

[27] 《論語・憲問》。

「文化民族主義」。孟子繼承孔子，也肯定嚴華夷之防的觀念。
孟子曰：

> 昔者禹抑洪水，而天下平，周公兼夷狄，驅猛獸，而百姓
> 寧，孔子成《春秋》，而亂臣賊子懼。《詩》云：「戎狄
> 之膺，荊舒是懲。」則莫我敢承，無父無君，是周公所膺
> 也。我亦欲正人心、息邪說、距詖行、放淫辭，以承三聖
> 者，豈好辯哉？予不得已也。[28]

大禹平治洪水，周公則兼併夷狄，使華夏成就禮樂之邦，孔子繼
之而修纂《春秋》，使敗亂周政的亂臣賊子知所畏懼。孟子提出
了三位古聖人的德業，其中一項便是平定並兼併了夷狄，使這些
邊疆民族不再是中國的威脅。

　　此種傳統就形成了中國儒家「內諸夏而外夷狄」的文化民族
主義之思想，其區隔之標準是仁義道德的人文精神，而且也堅持
不可把華夏給「夷狄化」，或中國被夷狄滅亡。

　　宋人對於宋朝差一點被金人滅掉，非常痛恨。朱子於南宋孝
宗即位之時，應詔上封事，他極力主張應北伐滅金而復大仇，並
且重光宋之失土。朱子曰：

> 今者正位宸極，萬物咸睹其心，蓋皆以非常之事、非常之
> 功望於陛下，不但為守文之良主而已也。然而祖宗之境土
> 未復，宗廟之讎未除，戎虜之姦謀不常，生民之困悴已

28　《論語‧滕文公下》。

極，方此之時，陛下所以汲汲有為，以副生靈之望者，當如何哉！然則今日之事，非獨陛下不可失之時，抑國家盛衰治亂之機，廟社安危榮辱之兆，亦皆決乎此矣。蓋陛下者，我宋之盛主，而今日者，陛下之盛時，於此而不副其望焉，則祖宗之遺黎裔胄不復有所歸心矣，可不懼哉！可不懼哉！〔……〕

〔……〕今日之計不過乎脩政事、攘夷狄而已矣。

〔……〕夫金虜於我有不共戴天之讎，則其不可和也，義理明矣。[29]

朱子這篇〈封事〉，最重要的精神就是建言剛剛登基而思有所作為的孝宗，將一件大事放在施政的首務，那就是北伐征討金國，因為那個金國就是夷狄。朱子的態度非常嚴肅，把「攘夷狄」視為生死存亡的事情，且金人對宋而言，因為殺掠宋朝甚多人民、佔有中原大半土地、且俘虜徽欽二帝，故應視為不共戴天之大仇敵，他極力勸孝宗一定要興師北伐。其時亦有與他有相同的思想的儒者，譬如大詞人辛棄疾、陸放翁，兩儒皆是朱子知友。

同樣的春秋攘夷狄的思想，也存在於王船山。船山對於宋亡，有其沈痛的感觸，他說：

嗚呼！宋之所以烈天維、傾地紀、亂人倫，貽無窮之禍者，此而已矣。其得天下也不正，而厚疑攘臂之仍；其制

---

[29]　〔南宋〕朱熹：〈壬午應詔封事〉，收入朱傑人、嚴佐之、劉永翔主編：《朱子全書》，第二十冊（上海：上海古籍出版社、合肥：安徽教育出版社，2002），頁569-580。

天下也無權，而深懷尾大之忌。前之以趙普之佞，逢其君
猜妒之私；繼之以畢士安之庸，徇愚民姑息之逸。於是關
南、河北數千里闐其無人。迨及勍敵介馬而馳，乃毆南方
不教之兵，震驚海內，而與相枝距。未戰而耳目先迷於嚮
往；一潰而奔，保其鄉曲。無可匿也，斯亦無能競也。而
自軒轅迄夏后以力挽天綱者，糜散於百年之內。嗚呼！天
不可問，誰為為之而令至此極乎！[30]

船山逢明亡之痛，所以說宋之亡於女真以及亡於蒙古，其實也是
痛陳明之亡於滿州。對傳統儒家而言，中國被關外遊牧和狩獵民
族入關而亡掉，就是華夏被夷狄亡了。當年朱子力勸孝宗奮厲北
伐驅夷，終於不成，果然，朱子死後數十載，南宋雖不是亡於
金，卻也亡於元。而夷狄之入主中國，明亡後又再重演，故王船
山十分痛心。另外一位晚明大儒朱舜水在明亡之後，以流離漂泊
於越南日本的遺民儒者之孤單者立場而撰述了〈中原陽九述略〉
之文，在其文末，他這樣痛述：

孤臣飲泣十七載，雞骨支離，十年嘔血，形容毀瘠，面目
枯黃，而哭無其廷，誠無所格。申包胥其人傑也，能感動
讎仇之秦，為之出五萬之師，統之以三大將，閱國歷都，
復既亡之楚，不失尺寸，況此時秦、楚歲歲構兵哉！故
曰，申包胥其人傑也。彼獨非人臣哉！瑜覷顏視息，能無

---

[30] 〔明〕王夫之：《宋論》，收入《船山全書》，第十一冊（長沙：嶽麓
書社，1996），頁337。

愧之哉！[31]

明朝不是被李自成亡掉，而是被東北關外闖進來的女真滅掉的。對朱舜水而言，明亡不啻亡國，其實是華夏道統亡於夷狄。他效法申包胥向秦乞師復楚，據說申包胥為了求秦國出兵打吳國，在城下痛哭數天數夜，把眼睛都哭瞎，因而感動了秦王，故而出兵。朱舜水曾去日本、越南乞師到中國驅逐女真而恢復大明，然此願當然不果，故他於晚年撰述了這篇文章，痛訴明之因腐爛而遭致滿人之滅亡，而對於自己之外國乞師之失敗，深致痛心。其文末曰：「明孤臣朱之瑜泣血稽顙拜述」，可見朱氏對於明朝的滅亡於夷狄，內心萬分傷痛。

　　由上敘述的孔孟和朱子、船山、舜水三位大儒的嚴華夷之防的話語，知道中國儒家極重視華夏民族、文化與四方邊陲外族及其文化差異的。古人視四方外族為夷狄，深懼中原被這些夷狄所滅，因為被滅之義，不止是人民財產以及國家的亡滅，也意謂華夏人文道統的被消滅。

　　日本帝國侵略殖民主義，在近代中國儒家的眼中，也是不折不扣的夷狄。乙未割臺，對丘逢甲而言，其慘變等於是朱子、船山的文化民族主義之下的夷狄入侵華夏。因此，丘氏曾經四次上書清廷，為臺灣四百萬人民向朝廷懇求不可以割棄臺灣。其第一篇上書曰：

31　〔明〕朱之瑜：〈中原陽九述略〉，收入氏著：《朱舜水集》（臺北：漢京文化事業有限公司，1984），頁13。

> 和議割臺，全臺震駭，自聞警以來，臺民慨輸餉械，不顧
> 身家，無負朝廷。列聖深仁厚澤，二百餘年所以養人心，
> 正士氣，為我皇上今日之用，何忍棄之！全臺非澎湖之
> 比，何至不能一戰？臣等桑梓之地，義與存亡，願與撫臣
> 誓死守禦。〔……〕如日酋來收臺灣，臺民惟有開仗。謹
> 率全臺紳民痛哭上陳等因。[32]

此份上書內容全然是儒家的春秋大義，除了呼籲清廷不可對人民
不義之外，也有振勵民心而誓死抵拒夷狄而捍衛華夏臺灣的志
氣。此心與歷來大儒是一樣的。第二次上書則曰：

> 萬民誓不服倭，割亦死，拒亦死，寧先死於亂民手，不願
> 死于日人手。現聞各國阻緩換約，皇太后、皇上及眾廷臣
> 倘不乘此時將割地一條刪除，則是安心棄我臺民。臺民已
> 矣，朝廷失人心，何以治天下！[33]

孔子修《春秋》，有「貶天子，退諸侯，討大夫」之大義，[34]是
由於春秋時代，禮樂崩壞而周文疲弊，可以說是君不君、臣不

32　丘逢甲：〈乙未保臺血淚上書・第一次上書〉，收入黃志平、丘晨波主
　　編：《丘逢甲集》（長沙：嶽麓書社，2001），頁749-750。

33　丘逢甲：〈乙未保臺血淚上書・第二次上書〉，同前揭書，頁750。

34　司馬遷在〈太史公自序〉中提到：上大夫壺遂曰：「昔孔子何為而作
　　《春秋》哉？」太史公曰：「余聞董生曰：『周道衰廢，孔子為魯司
　　寇，諸侯害之，大夫壅之。孔子知言之不用，道之不行也，是非二百四
　　十二年之中，以為天下儀表。貶天子、退諸侯、討大夫，以達王事而已
　　矣。』〔……〕。」見〔西漢〕司馬遷：《史記・太史公自序》。

臣，貴族昏暴，庶民陷溺。因此，孔子修《春秋》，其目的就是
在於批判當時的統治階級，從周天子到諸侯、卿大夫，均予貶
斥，故《春秋》有兩大主軸，一是「嚴夷夏之防」，另一則是
「正君臣之義」，此兩者的水準，決定時代是「據亂世」或「升
平世」或「太平世」。乙未割臺，清朝君臣無一願意護衛自己的
領土人民，而麻木不仁背棄臺灣，這就是君不君、臣不臣的「據
亂世」。丘逢甲這篇第二次上書，正是義正辭嚴地指責清廷君臣
之重要文獻，表現了一位臺灣大儒的春秋大義。

　　丘氏的第三次上書曰：

> 臺灣屬倭，萬眾不服，迭請唐撫院代奏臺灣下情，而事難
> 挽回，如赤子之失父母，悲慘曷極！伏查臺灣已為朝廷棄
> 地，百姓無依，惟有暫行自主，死守不去。遙戴皇靈，為
> 南洋屏蔽。〔……〕臺民此舉，無非戀戴皇清，圖固守以
> 待轉機。〔……〕全臺紳民同泣叩首。[35]

這封上書，就是「臺灣民主國」的基本宗旨。丘氏沈痛地指出清
廷腐敗不仁，居然棄臺灣，雖然清廷如不慈之母冷酷丟棄親子一
般背棄臺灣，但臺灣民紳卻依然如兒女依戀母親一般地眷戀著清
帝國，但丘逢甲也明白指斥朝廷竟然棄臺灣而不顧，因此，臺灣
只有先行自主獨立建立民主國而依己力來對抗日寇。此亦屬儒家
的華夏夷狄之分的作法，蓋東周天子勢微，諸侯紛爭而多行霸道

---

[35] 丘逢甲：〈乙未保臺血淚上書・第三次上書〉，同前揭書，頁 751-
752。

以行兼併，諸侯國中有仁心之君主只能依賴自身是否行王道來維護本國之安寧並促進華夏之和平，此即「內其國而外諸夏」之義，依此古義，故丘逢甲倡議臺灣暫行獨立，建立「臺灣民主國」，用己之力對抗夷狄日本之霸道，若成其功，則恢復華夏之秩序，重返中國，至此就是「內諸夏而外夷狄」。

關於「臺灣民主國」的成立，史家有曰：

> 全島淪亡，迫在眼前。「誓不從倭」的臺灣民眾決心依靠自己的力量抗日保臺。在清政府決意棄臺，日本已調軍準備進攻臺灣的情況下，由丘逢甲倡議，臺灣士紳決定組織「臺灣民主國」，以救亡圖存。五月二十一日，丘逢甲與陳季同、林朝棟等臺灣紳民代表再次集會商討，並確定「自主抗日」方針。這次會議正式決定成立「臺灣民主國」，推舉唐景崧為總統，丘逢甲為副總統兼臺灣義軍統領，劉永福為民主國大將軍；另有「議長」、「內務大臣」、「軍務大臣」以及各府縣官員。同時改元，號「永清」，意思是不忘大清；並制定國璽、國旗、印信、文告等。國璽文曰：「民主國之寶印」，國旗〔……〕圖案為藍地黃虎，虎首內向而尾高首低，表示對故國的依戀和臣服。二十五日，〔……〕組織抗日政府，定名為「臺灣民主國」。[36]

---

[36]　安然：《臺灣民眾抗日史》（臺北：海峽學術出版社，2005），頁47。

依上所述，「臺灣民主國」，是東亞第一個民主共和國，比孫中山先生國民革命創建的中華民國早十六年，它的成立，當然與丘逢甲的思想十分有關，丘氏一方面是一位信守儒家道德倫理的臺灣名儒，一方面由於他也熟讀西學，所以，為了抗日而發展的臺灣自主之政權，不是傳統的帝制之國，而是已經有民主主義的內容的民主國。這樣的民主共和國體，雖然旋起旋滅，可是它的短暫存在，卻讓臺灣在中國的民主共和之新政治發展以及依據春秋大義而堅拒夷狄的華夏道統實踐上，具有燦爛的成就和不朽的地位。此點不能不歸功於丘逢甲。

　　乙未年臺人抗日失敗，丘逢甲不得已內渡廣東蕉嶺原鄉。丘氏對於故土沈淪於外夷，心中十分悲痛。多有詩用以表達其思念臺灣之深情。僅舉一二首來體會丘氏的失土而難遣的悲愴：

〔春愁〕
春愁難遣強看山，往事驚心淚欲潸。
四百萬人同一哭，去年今日割臺灣。[37]

撰寫此詩之日是乙未割臺的週年日，丘逢甲痛極而以詩表達之。而他對臺灣友人亦深致其高誼和感懷。謝頌臣（道隆）是臺中客家人，與丘逢甲一起抗日，也一起西渡粵東，但最後還是買棹返臺。丘逢甲有一些詩是特別為謝氏返臺告別而寫的。如〈次頌丞（臣）感懷韻二首〉：

---

[37]　丘逢甲：《嶺雲海日樓詩鈔》，卷二，收入氏著前揭書，頁199。

天涯烽火客西歸，淪落甯教素志違；解道哥哥行不得，鷓
鴣言語未曾非。

何勞珍藥寄當歸，養志萱堂願已違；回首樓臺沈蜃氣，故
山雖好事全非。[38]

兩詩皆顯出臺灣被竊而己東歸不得之苦楚。又譬如〈送頌臣之臺
灣八首〉，謹引其中兩首如次：

親友如相問，吾廬榜念臺，全輸非定局，已溺有燃灰；
棄地原非策，呼天儻見哀，十年如未死，捲土定重來。[39]

此首是說他在蕉嶺淡定村所築居屋，自己提榜曰「念臺」，而其
兒子丘琮亦字念臺，以示臺灣故土不能忘的心懷，又，他仍然有
信心十年必能光復臺灣。丘逢甲逝於民國元年（1911），他沒能
親眼看到臺灣光復，因為日據臺灣五十年，重光臺灣的日子，其
實離開丘氏想望的十年多達五倍，但相信他在天上也必能含笑。
又：

王氣中原在，英雄識所歸，為言鄉父老，須記漢官儀；
故國空禾黍，殘山少蕨薇，渡江論俊物，終屬舊烏衣。[40]

丘氏此詩是請謝頌臣回到臺灣後，一定要告訴父老雖在日寇夷狄

38　同上注，頁 192。
39　同上注，頁 196。
40　同上注，頁 197。

宰制之下，但千萬不要忘了中國禮樂衣冠以及中國王道的漢官威儀，換言之，臺灣人民不要遺忘了自己是中國人而不是日本殖民統治下的奴才。

　　類似這樣的思念臺灣而傷懷的詩，丘逢甲寫了很多。表顯了他的儒家對於家國的忠孝之人格。

五、丘逢甲的傳統與開新

　　乙未之後，丘逢甲的人生邁入另一階段，在其這段短暫的晚年，他表現的是傳統儒學儒教的素養以及開創新局的靈活剛健日新之心性。丘氏的先祖建立的家風是朱子儒學，特別是嚴夷夏之防的《春秋》經的精神之實踐，其先祖丘夢龍、丘創兆就已如此，此種儒家仁義之道的信守，到丘龍章和丘逢甲，也一樣加以實踐弘揚。丘創兆是岳飛的重孫婿，也是文天祥抗元時的左右參贊，抗元兵敗，創兆九死一生帶領部眾遠走梅州蕉嶺山區。丘逢甲抗日失敗，也一樣護持著老父和族人渡海返回蕉嶺山區。而他一生也最敬重英雄豪傑以及人格風範高貴型的儒者。其中，最主要的尊崇表彰的儒家先賢忠烈是文天祥，丘逢甲有一首詩題為〈凌風樓懷古〉，在黃志平、丘晨波主編的《丘逢甲集》的該詩有註，曰：「凌風樓，為紀念文天祥而築，舊址在梅州市凌風路，已圮。文天祥抗元兵敗被俘，囚于元都，嘗集杜句為《過梅州》詩，有『樓角凌風迥，孤城隱霧深；萬事隨轉燭，秋光近青岑』句。明潮州知府郭子章建樓紀念文天祥，摘句為樓名。」[41]

---

[41]　黃志平、丘晨波主編：《丘逢甲集》（長沙：嶽麓書社，2001），頁205。

丘逢甲在梅州，憶及己之抗日經歷，而深有感懷，故賦詩曰：

> 依舊危城隱霧中，麗譙殘榜署凌風；逃亡君相成行國，破
> 碎河山失故宮。
> 地似西臺宜痛哭，客歸南嶠愴孤忠；欲移卦竹栽千本，遍
> 灑天涯血淚紅。[42]

詩固然是追懷儒家英烈文天祥，但其中心卻是丘逢甲藉詩以自
況。一方面是傷切，一方面是肯定。與其賦詩頌揚先烈先賢相同
的心境和作為，則是丘氏也參與了重修先賢祠的文化工作，一八
九九年，他受潮陽縣令裴伯謙之請，撰寫〈重修東山韓夫子祠及
書院記〉。其文有曰：

> 唐元和間，昌黎韓公來守潮，乃擇山海之匯，移今治，首
> 建學校，海濱鄒魯所由名也。後賢以公曾遊東山，據麓建
> 祠以祀，因之為書院而課士，述公志也。〔……〕院長邱
> 蟄仙工部謂予：「〔……〕昔朱子開道學之統于閩，潮士
> 之登堂者二人，邑得其一；文山率勤王師駐潮，邑士景從
> 尤眾，亦足見民風之厚，而士氣之大可用也。」予謂士資
> 于教，而必先有以養之。教養之事，其究逮民而必先基于
> 士，士者民望也。已修公祠，因稍優予諸生膏火，以資其
> 學。〔……〕韓公一遊而山名，文山再遊而山益名，
> 〔……〕兩公英靈之在東山，其文章氣節，尤足使聖賢之

42　丘逢甲：〈嶺雲海日樓詩鈔〉，同前揭書，頁205。

徒、忠義之士相與鼓舞而興起。〔……〕[43]

潮州潮陽深受朱子儒學教化的浸漬滋養，所以已是儒學儒教之鄉。但應更向推言，則唐時韓愈被貶而流放於當時的荒涼邊區之潮州，治理潮州之功不僅是開發建設而已，更將文教帶到這個梅江出海之沿海地區，使潮地亦成為文化之區，故韓昌黎具有首開之功，後面則是紫陽儒教之德，再又是文天祥抗元的實踐儒家春秋大義之所在。丘逢甲強調正是在此儒家先聖先賢先烈的精神為基礎，應辦理儒家書院來教育學子。

　　丘逢甲復又撰文表彰潮陽大忠祠以尊崇民族英雄文天祥。其文曰：

　　　自昔名賢使車所至，必以表揚忠節為先，雖由道契先賢，
　　　亦以振士氣而作人心，其事莫切於此。潮陽東山大忠祠
　　　者，邑人所以祀故宋先賢文信國公者也。公當炎精中否之
　　　秋，為海上誓師之舉，勤王一旅，曾駐潮陽，有「和平
　　　里」三字碑遺跡在焉。邑之東山，故有睢陽雙忠祠，公來
　　　祠下曾題〈沁園春〉詞，所謂「留取聲名萬古香」者也。
　　　而酹尊贈馬，當時遺事，父老能談。邑人因于雙忠祠左建
　　　祠塑像以祀，顏曰：「大忠」。[44]

唐之忠烈許遠、張巡，在廣東、福建、臺灣皆有崇祀，因為他們

---

[43]　丘逢甲：〈重修東山韓夫子祠及書院啟〉，收入《丘逢甲集》，頁775-777。
[44]　丘逢甲：〈重修潮陽大忠祠啟〉，同上注，頁777-778。

是殉國忠義之士，向為儒學儒教之楷模。潮陽東山有雙忠祠，顯
示潮人之文教確有其深厚的土壤。而文天祥在宋末抗元時，曾駐
師於此，對唐之雙忠，嘗致其敬禮，而此儒家春秋大義之心心相
傳，又由文天祥傳予丘逢甲，故丘逢甲亦以同樣的尊崇先賢之心
來禮敬文天祥，於此表彰了中國儒家的道統。丘逢甲生平最敬重
文天祥，在另外一篇文章中，他說到：「〔……〕先是丁酉夏，
在韓山曾夢見公，今睹衣冠，猶仿佛雲中授簡時。〔……〕溯公
游東山，至今己亥，為歲六百二十有一，公之神為正氣流行在天
地間，固不能以一邑私。然有斯祠，能使過者忠義之心油然而
生，奮然而作，則不可謂非世道人心之所繫也。」[45]由此可證，
丘逢甲敬重儒家先烈先賢，其心誠一，連在夢中都會見到文信國
公，故其在潮地，除了興學之外，表彰先儒亦是丘氏的重要文化
事功，而他強調表彰、崇祀儒家忠烈之士，乃是國家以及地方興
起世道人心的重要施作。

　　然而，丘逢甲卻不是食古不化的小儒、俗儒，他是臺灣這個
東海之島培養出來的大儒。[46]他秉持儒家「時之義大矣哉」的古
訓，所以，他的思想，既有古儒一脈相傳的常道，也能順應時代
的變遷和結構而有通達的權變。其時臺灣培養出來的儒者，並非

---

[45]　丘逢甲：〈重修潮陽東山大忠祠記〉，同前揭書，頁 813-815。

[46]　荀子曰：「法先王，統禮義，一制度，以淺持博，以古持今，以一持
萬，苟仁義之類也，雖在鳥獸之中，若別白黑。倚物怪變，所未嘗聞
也，所未嘗見也，卒然起一方，則舉統類而應之，無所疑怍，張法而度
之，則晻然若合符節，是大儒者也。」見《荀子·儒效》。丘逢甲在乙
未慘變時，奮起而抗日，是大勇之實踐，且有其法度、規劃、藍圖，亦
有大智。故可以符合荀子所稱之「大儒」。

如此，許多地方名儒卻是荀子在〈儒效〉篇中痛責的俗儒甚或只是小人。清帝鼓吹弘揚朱子學，但是卻藉朱子學籠絡天下士子，運用文字獄和「博學鴻詞科」或朝廷編修經史等方式，使清儒墮落成典型的「御用儒家」，其等之儒學成為「御用儒學」。史家黃麗生曾特別舉出同一時代的臺灣客家儒者兩位來進行俗陋小儒和磊落大儒的差別，前者是吳子光，後者是丘逢甲。

　　吳子光（1819-1883），原籍廣東嘉應州，弱冠之年隨父渡臺定居，住客家人集聚的苗栗。其父望子成龍，建「啟英書社」，延師教其子，不外乎希望吳子光科考中進士、狀元以光宗耀祖，吳氏不停應試，老是名落孫山，最後於同治四年（1865）方得考上鄉試舉人第五十二名，那年他已四十七歲中年矣。黃麗生評論說：「吳子光以讀書應舉、忠君孝親為人生目標，視清帝為人極準繩，具有無可取代的神聖性；其學則喜考據、好作文，而不具形上論、宇宙論的心靈；對儒家強調創建體踐的自主意識，也缺乏體知與認同。可說是清代八股取士下，地方型知識份子的典型。其一生習儒，尊君父而不見道體，又泥古不化、以史限識；除了以清帝為『聖君』外，未有更高遠的價值信念化解困頓怨憤；更昧於以宏觀視野和客觀資訊來認識近代世界而思改變。」[47]其實，吳子光形態的小儒，在清代是佔很大多數的，他們安於八股科考，畢生以走上仕途為唯一志願，對於儒家的「道尊於勢」的政治觀點，完全不能了解，以為皇帝就是天縱聖人，是萬民之「君父」，又因為只懂科考的括帖、範本、公式，唯朱

---

[47] 黃麗生：〈近代臺灣客家儒紳海洋意識的轉變：從吳子光到丘逢甲〉，收入氏著：《邊緣與非漢：儒學及其非主流傳播》（臺北：國立臺灣大學出版中心，2010），頁383。

子《四書集註》是從，故對於真正的儒家常道慧命以及國際因應現代化而發生的新知識，則完全不知。這就是清代衰敗因而連帶把臺灣出賣的最主要原因。

相對於「吳子光們」，丘逢甲則是臺灣產出的客家籍大儒。關於丘逢甲的思想和格局，黃麗生有一段深刻的詮釋，引述於下：

> 丘逢甲富開創心思，勇於接受新學；復能以儒家傳統的春秋義理，結合新興的民族自決思想，懷抱維新救亡的天下大志；並以抗日保臺、興辦學校、遠航南洋僑鄉宣揚道統、參與民國創建等實際行動，付諸體踐。其兼具文化傳承與求新應變的雙重格局，乃其思想意識與所處時空境遇互動的產物；這些都體現在他一生對臺灣、中國以及所處世界的關注之上。其「強中國以復臺灣、競海權而行文教」的強烈企圖，亦回頭深化其傳承道統、維新自強的意識根源。丘逢甲自幼含具的天下器識與經世胸懷，以及秉持道統而與時俱進，應變求新而不離經常的思想動力，係深受《春秋》張三世演化史觀的影響；既提供他勇於求新應變的思想動力，亦促使他敏銳覺察到，不能孤立地看待臺灣命運，而應與中國乃至世界緊密關聯。[48]

這段論述扼要明確地講出丘逢甲作為臺灣客家籍的大儒，主要因素是他在傳統思想上，真能遵儒家的道統來應天下大事和世界局

---

[48]　同上注，頁 383-384。

勢，他有常亦有變，在常道和權變之靈活中，把臺灣納入中國之中，且亦明白中國是與國際密切相關的。由於丘逢甲不固陋不執泥，所以，他的乙未抗日並非傳統陋儒的「忠於君父」而「臨難一死報君恩」的愚昧之私忠，他是成立「臺灣民主國」來抗日的，其中有傳統的《春秋》的「嚴夷夏之防」的大義，同時也有新興的「民主共和」的政治理想。再者，他返回大陸後，其志業有兩條大路，一是興辦儒家道德之教育的同時，也實施現代的新教育，讓青年有中外學問的學習和素養；一是離棄腐敗的清朝轉而支持孫中山先生的國民革命。本文茲引〈丘逢甲生平大事簡表〉的相關記載予以說明：

> 一八九七年（光緒二十三年，丁酉）。
>
> 　　春，應潮州知府李士彬之聘，主講韓山書院，「以科舉必廢，課文外兼課科學」，介紹東西方文明。〔……〕
> 是年起，與僑居新加坡的丘菽園書信交往日趨頻繁，詩文酬唱日多。

丘逢甲青少年時期，與臺中呂氏兄弟交誼深，故得能進呂氏筱雲山莊的書房，細讀其豐富的外國書籍雜誌；又，其青年時，受唐景崧賞識，所以也能在唐府閱讀大量的世界新知之著作。因此，乙未之前的丘逢甲已具備現代知識。

> 一八九八年（光緒二十四年，戊戌）。
>
> 　　春，主講潮陽東山書院。〔……〕
> 是年，為丘菽園的《菽園贅談》作長序，痛斥清朝吏

治的種種腐敗無能，另作《感事》五律二十首作為《政變詩》，附編於丘菽園《星州上書記》之後，猛烈抨擊慈禧，盛讚維新志士。

乙未割臺，促使孫中山先生主張並發動國民革命，臺灣慘變，對丘逢甲而言，更是非常巨大的創傷，所以他雖然返回清朝的土地，卻已對清廷不抱信任，但是對於康梁的變法維新，則仍寄以厚望以及敬重。慈禧搞政變之後，丘逢甲公然抨擊以慈禧為首的腐朽滿大人。

一八九九年（光緒二十五年，己亥）。

　　仍主講潮陽東山書院，兼任澄海景韓書院主講。

　　冬，辭去東山、景韓兩書院教席，在潮州（後遷汕頭）獨立謀辦新式「嶺東同文學堂」，聘日人熊澤為教授，灌輸維新學術。

　　是年末，應康有為之邀，秘密赴港會見維新人士。

傳統書院仍受一些守舊固陋派的約束，丘逢甲在其中多有新學講授，彼等固舊份子，常常加以控訴壓抑。因此，丘氏乾脆以自己的力量來興辦新式學堂，其中除了儒家仁義王道思想之外，也加入許多新的學問，甚至還聘日人來教日語，蓋因日人翻譯甚多歐西名著，中國學子可通過日文來學習西學。此時，丘氏已接觸康有為等維新保皇派。

一九〇〇年（光緒二十六年，庚子）。

〔……〕赴南洋各埠查訪僑情兼事聯絡。〔……〕在新加坡與容閎、丘菽園等會面，為嶺東同文學堂募得一筆經費。〔……〕南洋期間，多次發表演說，鼓吹以新觀點弘揚中華文化，廣開學堂，培育人才，以救危亡。

這就是丘逢甲的海洋開闊性格，他從臺灣回航大陸，又從大陸出航南洋，其理想就是通過既有中華儒家道統之學又有西方新式學問的學堂之教育，在大陸和南洋，都大加鼓吹。他認為唯有日新之教育才能為中國培養人才，如此才能救亡圖存。

嶺東同文學堂在一九○一年（光緒二十七年），正式在汕頭開學，以歐西新法教育青年。一九○三年（光緒二十九年），丘氏在學堂宣揚種族革命思想，受到固舊份子的誣陷，他辭去學堂領導之職，赴廣州發展新式教育，並且由保皇派轉而為革命派。[49]

嶺東同文學堂雖然是新學堂，但莫誤認為西學的學堂，丘逢甲很明白中國人必須以中華文化和道統為核心思想，並吸收轉化現代西學為己所用。他並非全盤西化論者，也不是舊文化的固執主義者。此種中西學術能夠兼容並蓄且以中國禮樂道統為主體的清末民初之知識份子是心靈人格健康的讀書人，而丘逢甲在這點表現了他的優越的成就。在開辦嶺東同文學堂的《辦程》中列有十數條章程，其第二條和第三條曰：

本學堂以昌明孔子之教為主義，讀經讀史，學習文義，均

---

[49] 以上所述，依據徐博東、黃志平：〈丘逢甲生平大事簡表〉，收入《丘逢甲傳》（臺北：海峽學術出版社，2003），頁339-355。

有課程，務期造就聖賢有用之學。

本學堂以中學為主，西學輔之；學其有用之學，非學其教
也。〔……〕本學堂擬先聘中文、東文教席，以期速成。
〔……〕 **50**

依此，丘氏辦此新學堂，實在很類似今日的國學，必修儒家經
史，也通子集。其宗旨是教育青年學子立志成聖成賢，先在道德
倫常上樹立人格，再求專業知識的學習。同時，也進行西學課程
的教育，雖未註明，但在那個時代，西學大體上應該就是數理化
學等自然科學以及歷史地理等社會科學。

六、結論

儒家主張「時」之義，如《易經》就有很多卦強調「時」，
譬如《乾‧文言》有曰：「先天而弗違，後天而奉天時。」
《乾‧象》有曰：「大明終始，六位時成，時乘六龍以御天。」
〈隨〉則曰：「隨時之義大矣哉！」〈豫〉則曰：「豫之時義大
矣哉！」等等，尚可找到許多重視強調「時」的經文。

儒家的時義，其實就是啟發儒者必須具備經常和變化兩種智
慧，仁義之道統是恆常不易的天道，但其落實具現就必須能夠依
事態而實踐仁義，這在國家民族的大事上，尤其如此，丘逢甲的
短暫一生，充分實現高度配合時之大義的儒家智慧。

就客家而言，丘逢甲的大儒成就，宜上溯贛閩粵三省客家人

50　丘逢甲：〈嶺東同文學堂開辦章程〉，收入《丘逢甲集》，頁785。

地區的儒學儒教之深遠敦厚的傳統，由於「客家大本營」就已是儒學儒教發達的地區，所以，客家人遷移到臺灣，雖然比較閩南人區域而言，其儒教的廟學、書院闕如，但以丘逢甲為例，卻是在家族書房的私塾中完成其儒家素養的。

　　臺灣產生的大儒，其實不多，有：丘逢甲、連橫、洪棄生、葉榮鐘；後三位皆是閩南人，而只有丘逢甲是客家籍，就此點而言，丘逢甲真是臺灣客家人的光輝榮耀之典範。

再修稿於天何言齋 2018/10/19

柒　劉永福在臺灣的春秋節義
——黑旗軍乙未在臺抗日

一、前言

　　黑旗軍原是太平天國裏面，一支由農民組訓而成的軍隊，它於一八六六年（同治五年）進入越南時，舉的旗幟是「七星黑旗」，所以稱為「黑旗軍」。

　　黑旗軍的領導人物是劉永福（清道光十七年－民國六年，1837-1917）。劉氏出生於廣東欽州（今屬廣西壯族自治區）的一個普通農家的孩子。由於生活困頓，八歲時，父親帶著他流亡到廣西上思縣。少時曾當過船工。

　　太平天國興起，劉永福投身太平天國軍，先後依附幾個地方頭目。一八六五年（同治四年），他帶著兩百多名部眾到廣西南部的安德，投靠於此地稱王的吳亞忠。一八六六年（同治五年），清軍攻吳亞忠部，劉永福帶其所屬避入越南。一八七三年（同治十二年），劉氏率領黑旗軍擊敗侵越法軍，此時，黑旗軍已增至二千多人，而法人被逼而退出紅河三角洲達十年之久。越南阮氏王朝封劉永福為「三宣副提督」，黑旗軍駐於宣光、山西、興化三省，實控紅河上游。

　　一八八三年（光緒九年），法殖民帝國迫越南訂約，法國成

為越南之保護國，次年一八八四年（光緒十年）爆發中法戰爭，同時，法海軍到臺海試圖封鎖臺灣，劉永福領黑旗軍協助清軍擊潰法軍，黑旗軍在中國的聲譽大振，中法之役結束，清廷招安劉永福率領黑旗軍返回廣東，任南澳鎮總兵。[1]

　　甲午之役，清朝大敗，日寇強索臺灣。劉永福和黑旗軍於乙未年臺灣抗日之戰中，來到本來與他無關的臺灣，實踐了他和黑旗軍護衛中國疆土的崇高精神。本文主旨在於依史籍而敘述表彰劉永福領導黑旗軍乙未在臺抗日的春秋節義。

二、在臺黑旗軍的困難

　　一八九四年（光緒二十年）甲午之戰爆發，劉氏奉調臺灣任軍務幫辦。清朝兵敗，被迫訂立《馬關條約》，日寇奪我臺灣，劉永福在臺積極備戰。[2]

　　六月，劉氏至臺南，巡視沿海，駐於旗后。八月，北上臺北，與臺灣兵備道唐景崧商議戎機，清廷以東北兵敗，召黑旗軍開赴北方支援參戰。劉永福其部已弱，不足與戰，故上書總理衙門，其文有曰：

> 福越南勁旅，實有數萬。入關之初，祇准帶來千一百人，此皆揀選於平時者也。到粵以來，頻遭裁撤，今僅存三百人。奉旨渡臺，始募潮勇千名，分為二營，烏合之眾，倉

---

[1]　以上敘述依據安然：《臺灣民眾抗日史》（臺北：海峽學術出版社，2005），頁 53-54。

[2]　同前注。

卒成軍，以之言戰，何能禦侮？[3]

劉永福雖來臺灣協防，可是他在越南的原初之黑旗軍，卻早已遭
到忌防之心很重的清廷解散，僅剩三百人，只好於潮汕之區招募
千名團勇，分為二營來臺，但根本沒有訓練，是倉卒成軍的烏合
之眾，如何能夠禦敵？由此可證，清朝已腐敗入髓，雖然名義上
派黑旗軍駐臺，但是嚴格而言，只是劉永福及少數幕友前來臺
灣，實質上雖有帥將卻無勁兵，臨時招來的潮勇，全無訓練，亦
無精良武備，根本無法應戰。劉氏又曰：

> 臺灣孤懸海外，口岸紛多，防不勝防。必須南北聯為一
> 氣，始可言守。福有舊部三千，皆經歷戰之士，又有裨將
> 數人，足寄心膂。意欲招之至臺，扼守南隅，兼為北援。
> 前曾咨商閩粵督憲，懇切哀求，繼復商之臺撫，均不允
> 准。當此之時，既無糗餉，何能募軍？興言至此，不禁痛
> 哭！[4]

從劉氏上書總理衙門之文來看，清廷實已到腐朽不堪的地步，劉
氏為了守護臺灣，而請求舊部能夠重新歸隊，這樣才有戰鬥力來
對付倭軍。可是清廷居然猜防這位在越南打敗法軍而有彪炳戰功
的驍將，也忌諱黑旗軍勁旅。清之昏愚大員，包括了地方總督和
總理大人。從此處看，甲午戰敗，不是軍人的責任，而是西太

---

3 連橫：《臺灣通史》·〈唐、劉列傳〉（臺中：臺灣省文獻委員會，
   1976），頁 789-793。
4 同前注。

后、滿大人以及腐敗高官之責，他們的顢頇愚蠢，臺灣被奪，豈
會心痛？但是劉永福卻不是這樣，他以其出身農民之抗清軍之經
歷以及在越南對付法人的反殖民主義的經驗，他確是忠心護守臺
灣，可是清朝如此腐爛，致使劉氏痛恨不已。

三、劉永福的春秋大義

乙未年春天（光緒二十一年，1895），倭軍逼臨臺灣，由基
隆海岸登陸，臺灣人民群起武裝拒寇。臺灣仕紳成立「臺灣民主
國」，決心以本島一己之力來抗拒日軍。其時，劉永福可以離開
臺灣返回大陸，但他基於儒家春秋大義而決定留在臺灣參加抗日
護臺之戰。他與臺民訂立了〈盟約〉，其前言曰：

> 蓋聞天地所存惟正氣，鬼神是鑒，亦重同心，去夏中日失
> 和，屈在倭奴，既奪我藩昭，復犯我遼東，一任蔓延，實
> 為李相，澎湖竟失，帝闕星然，聽擺布於權奸，議賠款以
> 獻媚，永福承天子命，幫辦臺防，聞和議已成，遂終朝在
> 泣，在皇上苦衷，良非得已。[5]

甲午之役清朝大敗，劉永福認為責任應由李鴻章負責。而由於李
之懦懦無能，竟然牽連毫無關係的臺澎，除了臺灣本島之外，連
澎湖列島亦落入日倭之手，蓋因臺澎居西太平洋的十字路口，戰

5　〔清〕劉永福：〈劉永福與臺民盟約〉，收入王曉波編：《新編臺胞抗
　　日文獻選》（臺北：海峽學術出版社，1998），頁22。

略地位無以倫比，日帝謀臺之心已經很久，終能藉甲午之戰，一則滅朝鮮，一則據臺灣，遂啟其「大東亞殖民拓張之門戶」。劉氏雖於這個關鍵時刻奉旨來臺幫辦防務，但清廷屈服而簽訂日本殖民帝國侵華辱華的不平等之《馬關條約》，割讓臺澎給日本。劉氏為之痛恨而泣下。

> 而臣子效力，正在此時。變成非常，省者為國，民為自主，仍隸清朝，〔……〕嗚呼！為大清之臣，守大清之地，分內事也。萬死不辭，一時千載，縱使片土之剩，一洩之延，亦應保全，不令倭得。[6]

劉氏暢言自己是大清的大臣，誓守大清的土地，乃是他份內的任務，縱然萬死也不辭避，在此關鍵時刻，爭取的是千秋令名，臺灣就是只剩片土，或只是如將涸之水的滴水之延續，也必全力保衛而不讓日倭得到。

　　劉永福於此處表現中國儒家的君臣倫理之道義，依儒家，國家有大難，為人臣者，應勇於赴國難而護衛國家，在此過程中，就是捐軀獻命，亦在所不辭。這種精神是儒家《春秋》經的規範。

> 永福為倡同人，而立大誓，如有公忠體國即來歃血聯盟，甘苦勢必同嚐，生死有所不計，謹效桃園結義，愧乏豫州之賢，共執牛耳，明心定托，聖朝之福，神明察鑒。

6　同前注。

〔……〕惟有開誠告白，凡有同志，繼署芳名，即那有滅
倭齊杵偉蹟，永福薰沐謹告。[7]

由此可知劉永福其實是公開願與臺灣的各路抗日之民團、義軍一
起結盟，因為沒有清朝的正規軍隊守護臺灣，許多清吏也紛紛西
渡，而劉氏既受臺民重託，冀望名將可以領導臺灣人民共同抗
日，他秉忠義而慨然應允，遂有此盟約。他結盟的精神就是劉關
張桃園三結義的精神。換言之，他是以桃園結義的正氣來團結臺
灣抗日群體一致對抗倭寇的。

　　除此結盟書之外，劉氏同時又有一篇〈致臺民布告〉，其文
如下：

臺灣民主國鎮守臺南幫辦軍務劉淵亭軍門，為開誠布公激
勵軍民，共守危疆事。照得倭寇要盟，全臺竟割，此誠亙
古變異，為人所不忍聞、所不忍見，更何怪我臺民髮指眥
裂，誓與土地共存亡；抗不奉詔，而為自主之國。[8]

其時已由臺灣大儒丘逢甲倡議成立「臺灣民主國」，以臺灣本身
之力對抗來犯的日倭，而劉永福則以「幫辦軍務」之銜，鎮守臺
南。他遂以軍事長官的身份寫了這篇「布告」來激勵臺灣人民共
同奮發抗日。

7　同前注。
8　〔清〕劉永福：〈劉永福致臺民布告〉，收入同前揭書，頁27。

本幫辦即以越南為鑒，迄今思之，無日不撫膺痛哭，追悔無窮。不料防守臺民未嘗建，離奇百變，意見兩端，何以天無厭亂之心，而使民遭非常之劫，自問年將六十萬死不辭，獨不思蒼生無罪，行將夏變為夷乎？嗟乎！積忿同深，自可挽回造化；厚德載福，諒能默轉契機。[9]

在這一段文章中，劉永福將越南比臺灣，憶及中法之役，中國本來既勝，清廷居然與法講和賠款，越南白白陷入法國殖民者之手，劉氏的意思是，回想當初若不聽清廷的亂命，率黑旗軍攻擊法軍，必能保全越南，今日追思後悔莫及。而甲午又敗於日本，乙未割臺，臺灣根本未建自身的防衛武力，而且意見紛歧，蹉跎時間，看著臺民形將遭逢災禍，所以劉永福慨然站立出來，願以六十歲之軀領兵抗倭，否則臺灣將從華夏之地淪為夷狄之域而臺民就要受到奴隸之苦。

　　果然，劉永福在倭兵武裝登臺之後，他遂與臺灣義軍一起，領導力量十分有限的黑旗軍堅決奮勇抗擊侵臺之日寇。

四、黑旗軍是軍紀嚴明整肅的勁旅

　　劉永福及其黑旗軍在臺灣中南部奮勇抵抗日寇倭軍，犧牲甚重，在日人入侵臺南城之時，劉氏乘英籍商船離開臺灣返回大陸。

　　黑旗軍是無力抗日或無心抗日？其實非是。黑旗軍之敗，不

9　同前注。

是他們不用心或朽敗，而是其與來犯的倭軍是天地懸殊之別，日寇倭軍在當時是世界第一流的軍隊，黑旗軍則少兵員、缺武器彈藥，且斷絕所有的外援，只單憑一股勇毅堅決必死之意志來對抗倭軍，故雖兵敗卻是非常光榮。史書提及黑旗軍，指其軍紀嚴明整肅，是一支了不起的軍隊。臺灣史學者張健豐說：

> 強斯頓牧師說：「劉將軍主政臺灣南部六個月期間，對外國人非常親切和友善，其軍隊在都市裡也保持良好的秩序。」
> 美國新聞記者 J. W. Davidson 則提到「因劉治軍甚嚴，其在臺不大為一些官員所歡迎，他們都因為本身有缺點，恐怕因軍事上的事遭劉來詳細調查。」如前述旗後砲臺爆炸，劉永福嚴辦此軍紀敗壞的事件，除了副將萬國標等四人遭到革職，八人中則有四人遭斬首。他又說：「公平的評論劉永福的話，他一定對麾下軍隊付薪餉，以政府的開支發給衣著糧食，華人一般對劉永福之廉正有很好的批評。」所以，前揭西曆一八九五年七月十五日的《申報》〈論臺民義憤亦足以震懾遠人〉有：「劉帥麾下所統舊部五千人，素稱精銳，足為紀律之師，似足以一戰」的說法。[10]

由張氏此段引述，依當時留臺的西人之觀察，可證劉永福的黑旗軍是一支講求軍紀的嚴肅勁旅。除了外國人加以稱許之外，臺灣

---

[10]　張健豐：《日落臺南城》（臺北：海峽學術出版社，2014），頁 81。

人民也對其持肯定的態度。甚至乙未年當時，日人也作了持平的報導：

> 本月十四日從安平至香港的釐士所揭載：安平流傳日軍從陸路來襲之說，黑旗軍在劉永福指揮下「號令嚴明，動作整肅」。數日之前，（從）五百之蠻人（生番）居留地通過，沒有騷亂，因劉永福之故，得當地人之心，這是外國人所知道的。此蠻人為牡丹人種，前些年和日軍爭鬥的即此。[11]

牡丹社事件，發生於清同治十三年（1874），當時，日本藉口琉球人被恆春半島原住民殺害，積極展開侵臺政策，四月初，日本任命西鄉從道為陸軍中將兼「臺灣蕃地事務都督」，並任命陸軍少將谷干城和海軍少將赤松則良為「臺灣蕃地事務參軍」，大隈重信為「臺灣蕃地事務總裁」以及陸軍少佐福島九成和美國駐廈門領事李禮讓（李仙得）為「臺灣蕃地事務局准二等官」。五月上旬，日軍攻擊琅嶠，攻擊牡丹社部落，殺害原住民。[12]此役，臺灣史學者戚嘉林說：「日本政府是以殖民局名義發佈命令書，征臺日軍除常備軍之外，尚包括徵募選拔失業的健壯青年人，組成殖民兵，彼等沒有服役年限，視其後情況而命令移民，另外還包括和尚、從軍記者及供應軍用品的五百名各行業工匠。此次先

11　同前注。

12　戚嘉林：《臺灣史》（增訂版）（臺北：海峽學術出版社，2008），頁213。

期投入征臺行列人數計達 2488 人左右。」[13]當地原住民憤而反擊，死傷慘重，日倭後來增兵達四千五百多人，從五月直至八月中，死於瘴疾、瘟疫等病者達五百五十多人，而陣亡者僅十二名，可是十之八九均已罹疾。[14]再者，清廷亦已派沈葆楨來臺防禦，日倭乃退，結束了日本帝國主義侵略臺灣的首幕。此後，清廷在臺推行「開山撫番」政策，並且進一步有建省之政。

　　一八九五年乙未割臺，距同治十三年（1874）的牡丹社事件，不過二十年而已。清廷和李鴻章雖然明白中國東南之國防最重要，也明白日本軍國主義一定是中國之大患，故在清政府的政策上，亦能努力建設加強東南防務，最主要的是北方建北洋艦隊，而南方則是臺灣軍備以及開山撫番、建省。但這些規劃與建設，都由於清朝中央和地方的官僚之敗壞顢頇落伍，而事倍功半。甲午慘敗，北洋艦隊損兵折將、全軍覆沒，臺灣則平白拱手被日倭強奪。

　　在此背景之下，劉永福和黑旗軍的嚴明整肅、秋毫無犯的高水準軍紀，確實贏得一向輕視中國的日本帝國主義的尊重。

　　再者，乙未年十月，日軍攻陷打狗（高雄港），張健豐引史料說：「（日軍）於附近兵營（打鼓山營）內的告示牌，發現十條劉永福告誡兵丁的訓示：『一、臨陣退縮者斬，〔……〕五、強姦婦女者斬，〔……〕八、酗酒傷人致死者斬，九、擄掠民財者斬』。足見其軍紀嚴明的一面。」[15]此處顯示連倭軍都對劉永福和黑旗軍表達了敬服。黑旗軍打不贏日軍，不在他們本身，而

13　同前注，頁 213-214。

14　同前注，頁 216。

15　張健豐，頁 81-82。

是由於勢單力薄以及裝備遠遠不如人。

　　日據時期的《臺灣日日新報》評論曰：「劉永福軍門一生治兵，悉甘苦與共，待如手足。故士卒亦為之效死。法人之黌，法人見黑旗軍輒惴惴有異色，〔……〕人皆行走快捷，制勝以此居多。」[16]此評文中，正是劉永福與黑旗軍的兵士們「悉甘苦與共，待如手足。」此種儒將之愛部屬弟兄之精神，讓黑旗軍在乙未抗日之役中，實踐了春秋大節。

　　以上根據臺灣史家張健豐的著作而充分證明了劉永福領導的黑旗軍是一支軍紀嚴明劃一、官軍凝然一氣的好軍隊。乙未倭寇犯臺時，清廷正規部隊早就棄臺而遁，唯有劉永福的黑旗軍和臺灣人民的義軍艱難對抗強大的倭軍。吾人應向不是臺灣人但卻共同是中國人的劉永福及其黑旗軍致上最崇高的敬禮，他們在臺灣樹立了中國軍人的武德典範。

五、劉永福是忠義之士

　　劉永福終不能勝侵臺倭兵，而不得已含恨登輪西渡。其時有文人史家為文譏評劉永福，往往過甚其辭，居然臺灣之淪落日寇之手，是劉永福的責任，甚有斥其何以不以身殉臺。此種尖酸刻薄之責詈，與誣陷另一抗日大詩人丘逢甲挾金逃離臺灣，同樣地十分偏頗歪曲。本文特舉署名思痛子的《臺海思慟錄》的評語：「余觀越南戰事，雖庸夫走卒，皆知海內劉將軍之□□矣。當其兵威方張，勢且係致名王於闕下。及臺南之役，所部諸將，乃皆

16　同前注，頁82。

漵不足數。嘉義一陷，全軍俱靡，至樹降旗而遁，何前後勇怯判若兩人耶？則豈檀公三十策，走果為上計乎？儻所謂神龍見首不見尾耶？比有人來自越南，述劉公雄據十餘郡，常與法虜為難，去冬虜大創，議款而退，於是益服劉將軍之以智自免。向嘗疑牀頭捉刀者，或虎賁貌似中郎耳。今質之所聞，則夫愚儒所能窺其際者已！」[17]

思痛子即清朝末代臺灣知府黎景嵩，湖南湘陰人，奉旨來臺任「欽加四品銜臺灣府正堂總理中路營務處」。乙未年成立「臺灣民主國」，黎氏亦是留臺抗日的清吏之一，在臺領新楚軍抵拒倭兵。因違旨而滯臺抗日，被清廷革職，臺灣抗日失敗，黎氏自殺獲救，返回大陸，出任張之洞的幕僚。[18]

黎氏乙未在臺之抗日，與臺灣丘逢甲的義軍、劉永福的黑旗軍均不相通屬，其意見亦未能被充分尊重採納。故對劉永福不免怨望。其文歪曲黑旗軍在臺灣的偉大犧牲，並譏訕劉氏畏死遁逃，更譏諷劉永福在越南的戰績只是誇大虛譽，甚至無證無據誣詆劉永福拿取法人的金錢。

又另有一文人，名易順鼎，湖南漢壽人，光緒元年舉人，張之洞聘為兩湖書院經史講席，《馬關條約》割遼東和臺灣，他上書請罷議和，並兩次赴臺，協助劉永福抗日，後，袁世凱稱帝，易氏出任袁政權的印鑄局長。[19]

易氏著有《魂南記》，此書是其追憶乙未慘變時臺灣軍民抗

17　〔清〕思痛子：《臺海思慟錄》，收入周憲文主編：《臺灣文獻史料叢刊》，第七輯（臺北：大通書局，未刊出版年份），頁 17。

18　http://zh.wikipedia.org/wiki/黎景嵩。

19　http://baike.baidu.com/item/易順鼎。

日之一些過程和內容，並加上他對當時人物的品評。易氏在此書中將自己描寫成一位忠肝義膽的士君子豪傑，而卻對同一時期的重要領導人如唐景崧、丘逢甲、劉永福、黎景嵩等，皆多予惡評，語多訕謗。他對劉永福，非常怨恨，故在書中論評劉氏，多有不堪入目語，幾乎將劉永福和黑旗軍說成一幫嗜利之土匪。茲引錄其中一段：「有人來言：『爹利士』已到，劉所豢養群犬已在某客棧中，使人往視，則劉成良與其帳下兒梁阿金終日給事左右者皆在其處。〔……〕片刻間，臺南官吏、紳士、將弁、兵民〔……〕多來見余，言劉實以初三夕微服出城，登『爹利士』船，〔……〕船已至廈門，〔……〕倭不能難，竟退去，劉得生還焉。〔……〕嗚呼！臺北、臺南兩次敗亡之狀，余不幸皆親見之。臺北近土崩、臺南近瓦解，皆所謂梁亡自亡之也。阮步兵登廣武，歎時無英雄，遂使豎子成名；今日又何從得此豎子哉！劉以畏人索債，故潛往廈門；一日，即乘肩輿由陸路往汕頭。西風滿天，黃葉乾癟，劉安雞犬，劉表豚犬，遂皆流響白雲矣！」[20]

　　易順鼎是一個恃才傲物卻無道德之無品文人，晚節不保，去投靠竊國的袁世凱，其文對時代人物之論斷的真或假，於其人品之低下而可得其證明。昔年易氏以張之洞之幕客、書院講師之一介舉人，來到臺灣，試圖有所效力建功，但當時豪傑英雄一時畢集，如劉永福的大將吳彭年、楊泗洪，丘逢甲的生員屬下吳湯興、徐驤、姜紹祖、邱國霖等，再加上在中南部活躍的簡成功、簡精華、林崑岡等臺灣義軍領袖，他們都是具有忠肝義膽之勇者。易氏一定是眼高於頂卻氣大才疏而不見倚重，因而心生忌

---

[20]　〔清〕易順鼎：《魂南記》，收入周憲文主編，同前揭書，頁24。

恨，故於晚年著此曲史用以誣衊臺灣抗日先賢。在其筆下，黑旗軍是一群豬犬不如的老粗流氓，而劉永福則是一個貪財葸葸之小人。

臺灣之亡，不是亡於臺灣抗日先賢英烈，而是亡於腐敗的清朝，特別是亡於京師和地方的高官顯爵。劉永福大可在廣西家鄉安享清福，臺灣與他何干？要榮華富貴，宜在京城追求，何苦跑到臺灣來艱苦對抗當時世界第一強的倭軍？易氏對劉永福及其黑旗軍弟兄們的侮辱誹謗，在其書中還有甚多，本文不願加以徵引，若依其之歪曲，則劉永福就是漢奸，是萬死不足贖其罪的罪人。

然而，小人甚恨惡且極盡謗譭詈罵的人，只要周密以察，則往往是有為有守的君子。劉永福在臺抗倭兵敗，這不是臨陣勇戰的將士之責任，且劉永福一不是臺灣人，二不是清朝命官，他只是「臺灣民主國」委託而以極有限的義軍式的黑旗軍以志願者的身份對抗日寇，他們已經盡心盡力，可不必為清或為臺而殉死，無聊文人以此相逼責，是典型的「以禮教殺人」。

臺灣大史家連橫就有持平的史評。連橫說：

> 世言隋陸無武，絳灌無文，信乎兼才之難也。夫以景崧之文、永福之武，並肩而立，若萃一身，乃不能協守臺灣，人多訾之。[21]

---

21 連橫：《臺灣通史》・〈唐、劉列傳〉（臺北：大通書局，未刊出版年份），頁 1047。

連雅堂此句指出乙未抗日時，唐景崧有其人文修養而劉永福則有
其彪炳武功，兩位領袖一北一南聯合為一，卻不能協調堅守臺
灣，故世人對他們的責罵甚多。其實，若非當事人而卻在旁冷眼
袖手，於事後指指點點，則甚不公平；又或後世之人只對先賢隨
性而嚴厲評判，根本不在歷史之現場，焉能體察臨事參與者的艱
難？故連氏又曰：

> 顧此不足為二人咎也，夫事必先推其始因，而後可驗其終
> 果。臺灣海中孤島，憑恃天險；一旦援絕，坐困愁城，非
> 有海軍之力，不足以言圖存也。[22]

連雅堂說明臺灣是一個海島，孤立於西太平洋中，它惟一依恃的
就是四周是天險的大海，但它的困境也是因為被孤絕於海中，在
當時，臺灣是被腐敗的清朝背棄的，而列強也不敢或不願伸出援
手相助，故臺灣抗日的義軍、黑旗軍都是完全沒有任何從清朝或
外國前來的軍力援助的，義軍和黑旗軍只以自己非常微薄而根本
不足以對抗強盛之倭軍之武力來盡其春秋大節，可謂只一秉孤忠
為民族正義延續一點光明而已。連雅堂復曰：

> 且臺自友濂受事後，節省經費，諸多廢弛；一旦事亟，設
> 備為難。雖以孫吳之治兵，尚不能守，況於戰手？是故蒼
> 莽雖呼，魯陽莫返；空拳隻手，義憤填膺，終亦無可如何
> 而已。《詩》曰：「迨天之未陰雨，徹彼桑土，綢繆牖

---

[22] 同前注。

戶。」為此詩者，其知道乎！23

連氏點出了臺灣兵敗淪陷之主因，是因為邵友濂擔任臺灣巡撫時，「節省經費，諸多廢弛」。邵友濂是浙江餘姚人，中法戰爭，他處理臺灣防務，一八八七年遷臺灣布政使，一八九一年，奉旨繼劉銘傳之後出任臺灣巡撫，他在任內以節省經費之理由，將劉銘傳的重要大政加以廢除，裁撤煤務局、礦油局、番學堂等，並停築臺灣鐵路，使臺鐵只修築至苗栗竹南而已，而且不重臺灣防務，坐令臺灣的軍備空虛。24由於邵友濂在攸關緊要的最後五年，完全忽視日本帝國主義強奪臺灣之野心，故將臺灣應有的武裝防備建設付諸流水，因此甲午敗績而割臺，臺灣官紳士民，根本沒有任何像樣的軍力可以阻擋如此強大的倭軍之侵臺。連橫不愧是臺灣第一大史家，他在其史論中，指出臺灣兵敗之主因，而還給劉永福一個公道。

　　正確的歷史判斷，是從孔子、太史公傳下來的基本史德，連橫在《臺灣通史》的〈唐、劉列傳〉中已經寫下了堂正公道的史論。或曰這只是連氏個人之見，是一個孤證。然則，本文再引另一論述而作證言。

　　　　有客語於余曰：「往事固不必論，特不知劉大將軍固忠臣乎？抑叛臣乎？」
　　　　余矍然而起曰：「劉大將軍固忠義薄雲天，有生所共仰者

23　同前注。
24　https://tw.answers.yahoo.com/question/index?qid=20050815000012kk20758。

也。子乃以叛臣疑之，其有何說？」

客曰：「臺灣已由李傅相割畀日人，皇上亦經允准。為之臣下者，自宜奉身而退，不復交兵。乃李伯行公子既以讓地之文憑，交付日將樺山氏，而劉大將軍仍死守臺南不去，必欲與已經和好之日本復動干戈。目以叛臣，誰曰非是？」

余不待言畢，攘袂裂目曰：「汝真喪心病狂耶？奈何竟為此言也！夫中國自與日本用兵而後，攻則敗、守則退，凡平時之自命為興朝名將者，一望見日本之旌旗壁壘，無一不戰戰兢兢，面色若死灰，奔避惟恐不速。〔……〕至用軍之際，生死攸關，仍貪利忘身，多方漁獵，直至上干天譴、身受嚴懲者，更不足齒於人數矣！獨大將軍忠肝義膽，誓不以尺寸之土輕讓敵人；以彈丸、黑子之臺南，既乏糗糧，又無軍械，而能與部下黑旗兵士戮力固守，累月經年。雖大事無成，終歸退讓，而其矯然不污之志，則固可昭然大白於世間。〔……〕」[25]

這一大段問答錄，是有人問關於劉永福之忠奸，該問者是意謂劉永福是奸臣叛臣，而所謂叛臣，是說劉永福違背清廷棄臺之令而擅自留在臺灣對抗倭寇。答問者義正詞嚴而教誨不明忠道的該問者，忠非愚忠，大將在外，亂命不必接受，劉大將軍忠的對象是國家、民族，而非死忠於不仁不義於黎民百姓的昏君和奸官。在

25　〔清〕佚名：〈答客問劉大將軍事〉，收入王曉波編：《乙未抗日史料彙編》（臺北：海峽學術出版社，1999），頁105-107。

那個時候，多少清朝官兵一見到倭軍，根本不必交戰，就先已遁
逃無蹤，而且很多官員貪污枉法、漁獵無饜。在如此土崩瓦解的
末代，劉永福卻在無糧草無兵器的惡劣情勢下，只憑其忠肝義膽
而與黑旗軍一起抗擊四面來犯的日寇。不得已之下，才脫身返回
大陸。劉永福的忠義，是表現在他堅持守護臺灣到最後一刻。比
起那些麻木不仁、無情無義的壞官吏以及背祖棄宗而出賣臺灣人
民的漢奸們，劉永福和黑旗軍弟兄們是英雄豪傑。

六、結論

乙未抗日之役，從「臺灣民主國」成立之始，就以唐景崧、
丘逢甲守北臺，而劉永福守中南臺。唐不戰而逃回大陸，所以北
臺灣的抗日就成為臺灣義軍的任務，領導者是丘逢甲，而在戰場
殺敵的是姜紹祖、徐驤、吳湯興、邱國霖等臺灣生員，他們從北
臺灣一直與倭兵周旋對峙，一直殺到南臺灣，先後都為邦國犧牲
殉難。劉永福的黑旗軍則在中臺灣直至南臺灣，開始抗擊日寇。
依據史書，黑旗軍在幾處戰場，以少擊眾、以奇襲方式攻倭軍於
不備，表現可圈可點，那些決戰點是大甲溪沿岸、彰化城和八卦
山、嘉義大蒲林地區、濁水溪沿岸。黑旗軍壯烈陣亡的軍官有吳
彭年、袁錫清、李士炳、沈福山、楊泗洪、柏正材、吳德標等
人。[26]

黑旗軍在劉永福領導下，在臺灣的護土衛國之戰，雖然輸

---

[26]　安然：《臺灣民眾抗日史》（臺北：海峽學術出版社，2005），頁 53-
64。

了，但他們的表現卻是忠勇的典型。當時有文士楊文藻賦詩頌之，其詩曰：[27]

> 誓死睢陽志，將軍百戰酣；背城能借一，俘帥果囚三（殺倭酋二人、殲倭能久親王一人。）
> 掘鼠庭羅雀（兩月無餉，兵乏食自潰），飛騎木結驂（安平力禦二日，砲臺大砲炸裂）；難鳴孤掌忿，風雨弔臺南！

楊氏以許遠、張巡來形容劉永福及其黑旗軍，其戰績之功可謂標炳而日月可鑑矣！又，文士張羅澄亦有詩稱美劉永福，其詩曰：[28]

> 回首扶桑銅柱標，夷歌是處起漁樵。近聞下詔喧都邑，焉得并州快翦刀（有詔求才）！猛士腰間大羽箭，秋鷹整翮當雲霄。走平亂世相催促，上帝高居絳節朝。儘使鵰鶚相怒號，應弦不礙蒼山高。凌雲功臣少顏色，萬古雲霄一羽毛。殊錫曾為大司馬（三宣提督係淵亭舊職），將軍只數漢嫖姚。即今飄泊干戈際，祇在忠良翊聖朝。

這首詩稱頌劉永福，可謂恰如其德。張氏以漢武帝名將霍去病形容黑旗軍大將軍劉永福，是真能體會劉氏在越南和臺灣抗擊殖民帝國主義之功業的深刻意義，但詩人更有一層意思，就是霍去病

27　〔清〕楊文藻：〈聞劉淵亭軍門臺南內渡〉，收入王曉波編，同前揭書，頁117。

28　〔清〕張羅澄：〈集杜拾遺異東贈劉淵亭軍門〉，同前注。

領大軍團去打擊匈奴時，乃是大漢最強盛之時期，他之成功本來就是錦上添花，相對而言，劉永福卻是在清朝腐朽殘敗之末世，以自己的崇高人格和堅毅不拔的武德來感召地方勇士投奔於他而效命於越南和臺灣。劉永福的本事和境界，當然遠遠超過霍去病。

劉永福離臺返鄉後，亦有紀念追懷乙未臺灣之詩，其曰：[29]

> 流落天涯四月天，樽前相對淚涓涓；師亡黃海中原亂，約可馬關故土捐。
> 四百萬人供僕妾，六千里地屬腥羶；今朝絕域環同哭，共弔沉淪甲午年。

此詩顯示了劉永福對國家民族的關愛，也表達了他對臺灣以及臺灣四百萬人民的真性情；劉永福真正踐履了儒家嚴華夷之防的春秋節義，是不朽的大君子。

再修稿於天何言齋 2018/10/19

29　〔清〕劉永福：〈別臺詩〉，引自安然：《臺灣民眾抗日史》，頁63。

捌　臺灣傳統文化的兩岸淵源及當代交流[*]

一、臺灣文化的大傳統是東渡而來的儒學儒教

　　臺灣的大傳統文化有兩大儒家系統，一是一六六一年開臺的鄭成功及其儒臣陳永華建立的抗拒入主中國之女真族（其時視之為「夷狄」）的「春秋大義」的儒學和文化；一是清康熙二十二年（1683）降服明鄭而納臺灣於清朝版圖之後的朱子儒學和文化。一直至道光年間，治臺賢吏鄧傳安在彰化鹿港興建「文開書院」，在書院中主祀朱子，而陪祀以沈光文、辜朝薦、王忠孝、盧若騰、徐孚遠等明鄭賢儒。至此，清朝臺灣的大傳統文化核心就是結合明鄭春秋儒學與清朱子儒學而為一的儒家之道。

　　鄭成功，出生日本，九歲隨母返回中國，少時就讀南京太學。南明之江浙，富有東林與浙東儒家的批判和抗爭性精神。東林諸君子因風骨和節操，遭遇奸閹殘害，而其領袖顧憲成、高攀龍等人的學問綜合程朱理學和陸王心學，而基本上偏向陽明心學，重儒家個人發自良知之實踐，高氏甚至為抗議明之敗政，以

---

[*]　本文是筆者在廈門大學任特聘講座教授時期，在「克立樓」的住房信手隨心撰述，無注腳。

大臣不可受辱之理而投湖死節；浙東則以劉蕺山誠意慎獨的儒家道德修養工夫為關鍵，特重儒者居心動念和言行動靜的執守以踐成人之仁義，劉蕺山因滿州八旗入關南下攻破杭州（1645，清順治二年、南明弘光元年），絕食殉明而逝。東林殉節君子黃尊素是晚明大儒黃宗羲之父，而浙東甬上書院之劉蕺山則又是黃宗羲的老師，此兩大傳統於晚明國家危難之際，匯合為一，形成了明朝瀕臨亡國時期的中國正義大節的一點微光。

　　鄭成功由於此種儒家道德理想主義的薰陶養成，蔚成他孤軍支旅而艱難卓絕抗拒清人之璀燦生命的核心根據。

　　鄭成功本一儒生，但女真破關而入，八旗一路南下，中土多有漢奸迎降附和，且成為帶路南侵之走狗。其父鄭芝龍亦舉族降清，成功激憤不已，勸諫無效，遂與父絕，而自己率領同道，共赴文廟，哭拜先師，並且脫下儒服於大成殿前焚之，示以從今日始易文為武，改服戎衣，舉義師向入侵的清人正式宣戰。在南明抗清經歷中，隆武帝賜其姓朱，等同駙馬行事，頒「明招討大將軍朱成功」印章；永曆帝則封其為「延平王」。故後人敬重鄭成功，而尊稱為「國姓爺」和「延平王」，因其開臺，所以臺灣人更尊奉其為「開臺聖王」。

　　明延平王的春秋大義，就是臺灣文化大傳統的核心價值。此核心價值亦即其時在臺抗清諸儒以及陳永華創建臺灣第一座文廟的本質。由此以降，臺灣文化中就含有對抗異族入侵的精神，在乙未割臺慘變時，發揮了臺灣人民、儒士、義軍聯合抗拒日倭的最大動力。

　　清朝收入臺灣之後，臺灣的文教是朱子學。故廣建官學，興科舉，培養臺灣士子，基本知識分子逐漸養成。但臺灣的朱子儒

學的根據地，不是官辦的廟學，而是慢慢地在臺灣各地興建的書院。據統計，清治臺兩百年，書院約有六、七十間，其中有儒官主持而建者，如「海東書院」、「文開書院」；有商紳建者，如「道東書院」、「登瀛書院」；有官與士合建者，如「白沙書院」、「文石書院」、「英才書院」。這數十間書院，大多主祀朱子，亦有從文昌祠轉型而為書院，故同祀朱子和文昌者，如「登瀛書院」、「明新書院」。甚至，在民間一些家族，自己亦創建族學型的書院以教育族中子弟者，如「雲梯書院」、「豫章堂羅屋書房」。

書院的儒教，是朱子的理學，書院的學規基本上也是從朱子在「白鹿洞書院」撰寫的《白鹿洞書院學規》而演變延伸過來的。

除了書院之外，臺灣在許多城邑鄉莊，其實常設有私塾，延師以教子弟。如臺灣大詩人丘逢甲的父親龍章公，一生都擔任大家族的私塾之教席，丘逢甲沒有在官學或大書院中讀書，而是隨父親於私塾教學時，旁聽學習，成就了他是臺灣少數大儒的崇高人格。

清朝臺灣屬於福建省的一府，故閩臺文化之緣甚親，朱子理學的文教，多有福州「鰲峰書院」的傳承。來臺賢儒多與鰲峰有淵源，如最佳治臺清吏陳清端公、隨軍來臺平朱一貴之變的藍鼎元以及修纂《諸羅縣志》的陳夢林，都出身或曾出入鰲峰。

再者，由於清代來臺的漢人，大多數都是福建的漳泉籍人士以及閩西和粵東客家民系，他們來到臺灣，在文化內容上，是以朱子儒學為其生活和心靈的依托而到這個陌生的海島展開拓墾定居。在其日常生活和社會建構的禮制方面，譬如最重要的五倫之

教以及立宗祠、造廬墓和行祭祀、過節慶等，大體乃是依據朱子的《家禮》為其藍本。又，南宋乾道三年，朱子應「嶽麓書院」山長張南軒之邀，在書院講學時，曾應南軒之請而手書「忠孝廉節」四大字，此四大字遂為往後很多地方宗祠、廟宇、書院書寫於兩壁之上的格言，成為很重要的地方社會中一般庶民的養心修身之道，在臺灣亦不例外，臺灣人民如同大陸，自朱子儒學盛行之後，忠孝廉節是基本的為人之方。

上述朱子儒學在臺灣的浸滲傳播，是否其源只起始於福建一地？其實不止如此，朱子理學亦有其深遠學脈道統。二程在河南興儒學推德教，閩北將樂人楊時（龜山先生）慕二程的道德人品，特別北往洛陽求學，先拜程顥為師，深得器重，學成南返，程顥嘆美曰：「吾道南矣！」此即所謂「道南之傳」典故；明道去世，楊時又再北往拜程頤為師，有一大冬雪天，伊川正在靜坐，楊時與同為閩北人游酢侍立，待老師起，門外雪已深一尺，此即有名的「程門立雪」成語之由來。後來楊龜山在福建將二程儒學傳羅從彥（豫章先生），羅從彥又將道學傳李侗（延平先生），羅李二氏的德操有孔顏或顏曾之素樸淡泊之樂，而朱子就是李延平的傑出弟子。自清一統臺灣之後，朱子儒學隨移墾臺灣之四民也到臺灣，這個文教傳播擴散，就可稱為「道東之傳」，臺灣彰化和美鎮，清中葉建有書院，命名「道東」，其典故由此而來。

二、呈現中華文化小傳統的臺灣民間宗教信仰

臺灣文化與大陸的淵源，不止於儒家文化思想而已。中國本

來就是儒釋道三教以及陰陽五行之風水術通行普及。

　　民間通俗宗教信仰表現了兩岸的深厚長遠因緣。臺灣是閩南人和客家人為主體的移墾社會，來臺先民，並不是漂渡黑水溝而來的單純的自然人，他往往帶著原鄉的神祇香火而來，一旦在臺灣的某個地區落腳墾田定居，他們就會將原鄉的神祇安座立廟供奉，形成崇祀神明是依據原鄉地緣來發展的文化特性。因此，在臺灣，只要注意在地的大廟中供奉什麼神祇，就能知道當地主要的民系，泉州人崇祀清水祖師、保生大帝；漳州人崇祀開漳聖王；客家人崇祀三山國王、定光古佛。

　　清水祖師在臺北，如艋舺的「清水嚴祖師廟」，三峽的「清水祖師廟」，都是著名的古蹟名剎，標誌著福建通俗化的佛教文風對臺灣的深刻影響。「保生大帝」，即是在福建泉州香火極盛的「吳真人」或「大道公」，亦是泉州籍移民的主要守護神，如臺北的大龍峒著名的「保安宮」，是被列為臺北重要古蹟的名廟，它顯示泉州移民在臺北盆地開發的光榮歷史。

　　「開漳聖王」的成神史，更能印證中原文化至閩再至臺的文教擴散傳播現象，唐高宗和武后時代，今漳州一帶仍是當時相對於中土而落後邊陲之區，因為造反為亂，朝廷派光州（河南固始）陳政率領府兵近四千往南征討，此不久，其子陳元光隨祖母再領部隊增援，亦南下福建。必須注意的是，陳政父子率領軍隊從光州入閩南，並非一蹴可幾，他們須走遙遠的路程才能抵達，所以是以行軍就食當地的方式而逐步南行，再者，這支從中原南下的軍隊是攜家帶眷的，類似明衛所制的軍戶或如中共入疆的屯田軍團，他們到達今漳州一帶，一方面作戰平亂，一方面拓墾定居。陳政戰死，陳元光代之，繼續征戰拓殖，亂局平定後，他們

及其部眾遂從此居住此區而朝廷亦將此區劃入行政區，稱為「漳州」，陳元光以刺史銜統領治理。後，陳元光與少數民族作戰陣歿，當地人追懷其功德而奉之為神，就是「開漳聖王」。康熙之後，漳州人繼泉州人之足印，也大批渡海來臺，在臺北盆地、宜蘭、桃園、南投等地區開發建莊立邑，所到之處，紛紛建置開漳聖王廟供奉這尊漳州人的保護神。如臺北士林區正是漳州人為主體的開拓區，清時，漳州人原本亦在淡水河邊發展，但與泉州人發生械鬥，漳州人退至士林，並在當地芝山巖上，建立「開漳聖王廟」，廟名「芝山巖惠濟宮」，成為漳州人的文化、社會、政治的中心，此廟已成為當地最主要的勝蹟，標誌了漳州人在士林的歷史。又，宜蘭由漳州人吳沙始拓之後，亦屬臺灣的「開漳聖王廟」密度最高的縣份，顯示的是漳州人開蘭之功。

再舉客家民系為例說明民間通俗信仰與漢族將文化小傳統播遷臺灣之意義。來臺灣客家人主要有兩系，一是閩西汀州客，他們供奉「定光古佛」，在臺北的泰山、新莊、淡水、三芝一帶開發，大業戶胡焯猷捐宅建「明志書院」於泰山，又與羅氏兄弟共同釀貲於淡水建「汀州會館」的「鄞山寺」崇祀「定光古佛」，該寺已成淡水的重要古蹟文物，列入保護。另外，則是潮州府的潮州人、客家人以及部分漳州人信奉的「三山國王」；此三尊神祇源於粵東揭陽（今揭西縣）的霖田之荷婆墟，本屬當地庶民對當地的巾山、明山、獨山之自然神的神山崇拜，再轉為山神崇拜，又予以擬人化而成為具有人格的地方守護神，宋太宗南下攻打南漢國時，取此三山神的民間信仰加以造神而成為襄助宋室統一天下建立朝廷的大神。因此，「三山國王」成為宋元明以降逐漸提高神格的民間通俗信仰的神祇。客家民系渡海來臺，多祭祀

「三山國王」而供奉之，故於臺灣的客家人地區，如新竹和苗栗，常見「三山國王廟」，又如宜蘭之開發，追隨吳沙而為開墾蘭地之壯丁者多粵東客家人，故宜蘭也多「三山國王廟」。

上述的例證是說明中國文化小傳統如同大傳統的儒學儒教，也從福建或廣東東傳臺灣，成為臺灣庶民社會的神道設教的重要依據。而神格更高的大神，如「觀音佛祖」信仰，則從泉州晉江安海的「龍山寺」隨渡海開臺的晉江人士分香而來，在臺灣，有四座「龍山寺」，它們分別在鹿港、艋舺、淡水、鳳山，皆名「龍山寺」，乃是泉籍人士特別是晉江移民在臺灣北中南拓殖經營致富的最高象徵，當然也是泉州人帶過來的中華文化中的宗教小傳統。又，臺灣還有一種主祀「關聖帝君」的「三恩主崇祀」，祂們是「關帝」、「孚佑帝君（呂恩主）」、「司命真君（張恩主）」，此種崇祀源於明朝以後文人扶鸞筆會，主祀神即「關帝」或「三恩主」。發展到清朝，粵省惠州府有「三恩主鸞堂」崇祀，特別以鸞筆得出神明之指示、警戒，運用詩之形式，表顯其勸善懲惡的道德倫常之教，同時，也因應當時中國人民深受煙毒之害而以神力來進行戒煙的醫療，其效甚好。清中末葉，從廣東惠州東傳臺灣，最先在新竹新埔的鳴鳳山始建鸞堂，又在苗栗客家民系之地方傳播擴散，在該區很快創立發展很多的「三恩主」崇祀的「鸞堂」廟宇。當地知識分子參與「鸞堂」，在社會上展開戒煙毒、醫療施方以及根據鸞筆指示而製作「善書」用以勸勉世人諸惡莫作眾善奉行，同時，也以「鸞堂」作為地方教化的場所，「鸞生」為眾民講授儒家《四書》要義，使地方的文德之風明顯提升。「關聖帝君」自清以後被封為武聖，祂是中國廣大眾民最為尊奉的代表忠義勇毅之大神，臺灣的「關聖帝君」

信仰深入人心，是中華文化在臺灣深厚篤實而無可動搖的盤石。
當代的臺北市之「行天宮」，就是典型的「三恩主鸞堂」，它已
成為臺北市不能或缺的文化教育和宗教信仰的景觀和象徵，其中
心精神就是儒家德教，故「三恩主鸞堂」信仰，又被稱為「儒宗
神教」。

　　再者，從福建傳到臺灣來的民間宗教信仰之神祇，還有香火
很興盛的「媽祖」、「玄天上帝」、「王爺」。前兩尊，全臺灣
都有祭拜，特別是「媽祖」，是臺灣香火第一的神祇，每年全臺
「媽祖」必定進行繞境、巡境、割香、普渡，全臺為之而躍動。
祂給臺灣這個過海移民的漢族社會之人心帶來了非常博厚篤實穩
固的溫情慰藉。現在，無論臺獨政權如何推動「去中國化」，兩
岸的「媽祖廟」的互動卻十分頻繁，福建湄州「媽祖廟」立有望
臺之「媽祖」大神像，而臺灣也立有同樣造型的望閩之「媽祖」
大神像，兩岸的文化歷史血緣之本來一體而無可斷裂，從「媽
祖」信仰就可得其明證。

三、四九年之後儒佛之學
使臺灣上升為中華文化核心之地

　　一九四九年，兩岸治權分割。兩岸文化交流和影響有了很有
意義的變化。在此之前，臺灣的儒學儒教，一直都具有地方性的
色彩，也就是清朝閩臺一系的「閩學」之性質頗為明顯，臺灣從
明鄭的一六六一年，歷清朝而至日據結束的一九四五年，延綿了
兩百八十多年，在此近三個世紀之久的臺灣儒學儒教，是中土儒
學的邊陲，故有學者稱臺灣傳統儒學為「邊緣儒學」，它在菁英

和普羅的生活中，固然是人文價值之核心，但臺灣自身無法產生具有開創性的大儒，在這近三百年中，臺灣自身的重要儒者，大概只有洪棄生、丘逢甲、連雅堂和葉榮鐘等四位，前三位是在清末日據，後者則是在日據至光復初期，他們著作宏富，是文化思想和行動上抗日的臺灣賢儒，但比較起傳統和當代大儒而言，他們均非思想開創型的大儒型人物。

另外，就佛教來說，從明鄭到光復之間的臺灣，佛教體系主要源自福建，日據時，則有日本佛教日蓮宗以殖民勢力而橫入臺灣。福建的佛教如泉州開元寺、福州鼓山湧泉寺、廈門南普陀寺，都與臺灣佛教有交往和傳承的法脈關係。雖然清末民初之某個時候，太虛大師曾由上海乘船至臺灣，參訪基隆、臺北、臺中，與臺灣佛教界有所接觸，留下影響，但其時甚暫，可能著痕不深。換言之，臺灣傳統佛教是福建系統，閩臺一體。

一九四九年以後就有所不同。茲以儒佛兩教加以闡釋。

因為國共內戰，而致使中國隔臺海分治。隨國民政府去臺灣的菁英分子不在少數，其中有一批人後來形成中研院的史語所和近史所的主力，又有一些則進入臺大、臺師大、政大等大學的文史哲系所，成為這些大學的文史哲學界的中堅。因為從大陸一下子來到臺灣不少的高級學者，他們的專業是中國文史義理等學術研究，所以有如一夕之變，就將臺灣的菁英文化上提到中土核心性的大傳統位置。臺灣高教和學術，四九年後，成為與中國其他一流大學一樣的水準。

再者，「當代新儒家」幾位大儒級的人物離開大陸而至港臺，如錢穆、徐復觀、唐君毅、牟宗三等先生，他們有去香港，再去臺灣的，如牟宗三先生、錢穆先生，有直接去臺灣的，如徐

復觀先生，也有留在香港的，如唐君毅先生。雖然，牟徐兩儒後
來離臺去港，但牟先生晚年又返臺灣講學定居，他們多在臺灣有
過長期講學，而最重要的是他們的著作，大多是在臺灣撰述出
版，包括長期在香港的唐先生的著作也在臺北出版。甚至於留在
大陸的熊十力先生、梁漱溟先生、馬一浮先生、馮友蘭先生的著
作，在臺灣都想辦法印刷或影印出版。

　　徐、錢、牟三位先生都在臺灣的大學中有不算短的講學，再
加上他們的書以及熊先生等人的著作之流通，所以，「當代新儒
家」具有高度哲理及深度史識的思想和智慧，再加上他們高尚的
德行人品之感召，很快地就在臺灣，特別是青年一代的心靈中，
產生了非常重大深遠的影響。

　　此種影響是典範的轉移和上升，因為這些從大陸中土渡海來
臺的儒家，是大儒型的當代儒者，他們的思想和學術，具有現代
與傳統結合之後的創造轉化，其理論性是過去兩百幾十年的臺灣
儒家沒有具備的。換言之，四九年之後的臺灣，在地理上，固然
是中國東南外海的一個邊陲型疆域，可是在儒家思想的地位，卻
一下子提高到全中國最高的位置，臺灣「當代新儒學」，是中國
文化的大傳統之核心。

　　再者，四九年之後在臺灣，還有一個重要的儒教典範。愛新
覺羅毓鋆先生是前清皇室禮烈親王哲嗣，在那個紛亂之局，身不
自主，也隻身到了臺灣，在臺北覓屋開始儒家書院之教，名曰
「天德黌舍」，取法天德流行之義。來書院學習者從兩三弟子逐
漸增加，至乎敬慕而來學之青年擠不進講堂，臺灣「解嚴」，書
院改名「奉元」，主旨是從此須奉行實踐乾坤之元之義。毓老師
之師承是王國維、康有為昔年於清皇室內的帝王儒學，帶有今古

文經學的深厚素養，但甚強調《五經》之經世濟民的實學，更標揚《公羊春秋》的張三世之大義，以政治社會文化的現實情勢印證儒家經文，且旁及於諸子書和史學史觀史識，毓老師的學術不尚孤懸玄遠的心性論，是帶有顯著強烈的實用義，不師法宋明儒，而是上追孔子，且重視古典的經史諸子之綜合之道，故稱「奉元」之學為「夏學」。愛新覺羅毓鋆先生在臺灣創立了新典範的儒學儒教之書院，它有別於「當代新儒家」在港臺之大學講授以及學院著述，他只在民間設書院以《大易》和《春秋》為兩個主幹，展開孔子內聖外王之道的教化。他講學長達六十多年，培養的弟子不限於文史哲類的大學生，而是培養出在臺灣社會中各階層各類型而其數不下萬人的人才，換言之，每位奉元弟子，有其服務人群社會的專業知識，其類多元，但均有一樣的德性，就是孔子的仁、誠、元。從「天德」到「奉元」，毓老師的「夏學典範」，把臺灣的傳統書院教育之風格，提升到中土核心的層級。

　　佛教方面如何？下面略予述之。

　　四九年之前，臺灣佛教就是福建佛教之系統，雖有少數叢林以傳揚般若智和慈悲心的菩薩道為其主旨，但不容諱言的是，大多數佛教蘭若，只是出家眾喫素唸經的場所，了無大乘佛法以菩提濟世悟人的行願，而多淪為太虛大師慨嘆斥責的只為死人而不為活人存在的辦喪禮趕經懺的墮落式宗教，甚至大師更嚴責此種當時包括大陸和臺灣的只知給喪家誦經辦法會的佛門，連小乘的境界都不如。四九年之前臺灣的傳統佛寺，率皆如此。但此年之後大勢升揚，太虛和尚發揚的「人生佛教」的精神，由一些僧侶帶到臺灣播下了菩提種子，以「人間佛教」之菩薩道，在臺灣推

廣具有高深博厚佛法佛理佛學為根基的入世間實踐的積極主義和人文主義的現代型佛教。道行和學問均具之高僧多，而其中最傑出的是印順和尚，臺灣佛弟子，無論出家或在家眾，均尊稱其為「導師」，他弘揚在娑婆世界成佛的即空即假即中的中觀佛法，主張在此世間轉化為淨土的用世實踐之積極健動性佛教。在其弘道之影響下，臺灣有星雲的佛光山、證嚴的慈濟、聖嚴的法鼓山、唯覺的中臺禪寺，他們都是「人間佛教」。上述叢林，不教人死唸彌陀經以「提早往生」，而是積極地在臺灣辦佛儒綜合之教育，並興辦佛化醫院，在社會上廣行「施善和教化」的菩薩慈悲大業。臺灣「人間佛教」的精神和踐履，累其數十年功德，已成為臺灣現代文化中最仁愛慈悲的濟世渡人之文化道德核心，其宗教志業，甚至進而擴展於全球，此才合乎釋迦牟尼佛原初創立佛教的初心。

四、兩岸開放之後的文化交流

自從鄧小平實施改革開放的新政之後，蔣經國也配合而實行兩岸探親之人道之政。隨此大局的展開，兩岸文化交流隨著親人探親以及學界、社會、社團之互訪，很快地從數十年的隔離下的不免陌生和不安之狀況下，由於本來就是同根生之中華民族，很快且自然地就熟悉親切而為一家人。

兩岸開放來往以來，臺灣人士在文教上確有很多交流。大學高教的學術互訪多矣，本文不擬贅述。此處謹舉民間社會與儒學有關之例略加闡釋。

王財貴是牟宗三先生弟子之一，出身臺灣「鵝湖月刊社」，

早年在臺灣鼓吹推行「兒童讀經運動」，以讀誦《四書》為主並及於唐詩宋詞等，他的讀經，主張純粹背誦熟記，但不作意思解釋。受其影響，一些宗教或社會團體，也有成立讀經班者。而在臺灣逐漸蔚成一股兒童讀經之熱潮，甚至在許多幼兒園、小學，亦紛紛成立讀經課，其讀誦方式，大多依王氏之讀經法則，但亦有在讀誦時加以適才適齡適性之解經者。現在臺灣社會更有讀經比賽，從兒童級向上，少年青年級皆有。兩岸交流展開，王氏從臺灣到大陸推行兒童讀經，據說甚有成效，對於年輕一代中國人發生了國學經典熟習和喜歡的顯著影響。而王氏最近這一兩年，於浙江泰順建立了以讀經為主要進路的書院，名為「文禮」，其為院長（山長），學員為熟讀了儒家經典三十萬言的青少年，在書院中，他開講儒家經籍和相關論著，以「當代新儒家」牟宗三先生的著作為主。

　　當代大史學家錢賓四先生，蔣介石和蔣經國父子以國士尊他，特修建「素書樓」（在臺北外雙溪東吳大學的後山），延請錢先生居住並講學其中。錢先生過世後，弟子以「素書樓文教基金會」之組織，常年回大陸各地方以及中小學，舉辦國學營活動，兩岸學者、青少年學生，以錢先生的經史學術為中心而擴及於中華文化、思想等教學交流，多年下來，促進了兩岸學者和青少年的心靈契合，也共同學習了中國經史之知識和常道。

　　除了學術和教學的兩岸交流之外，也多有活動營的方式，臺灣青年學生藉暑期前來大陸進行文教學習。舉例言之，最近十年，臺灣的儒學者、企業家，基於中國傳統文教的復興和弘揚之關心，年年暑期與福建、上海等地的儒學者一起共同舉辦「朱子之路」，邀了臺灣和大陸的研究生與本科生，在福建，主要在閩

北，走訪朱子居住、活動、講學以及著述的地點，一方面尊仰朱子之崇高道德，一方面也用座談、演講的方式，學習朱子儒學。

又，在臺灣，也有儒學者一連八年，邀請大陸、新加坡、日本、韓國和臺灣的大學生研究生，於暑期舉辦「青年儒家論壇與研習營」，在活動中，安排臺灣和大陸學者開辦儒學講座，且規劃去參觀臺灣的儒家文教的重要景點和建物，如孔廟、書院、廟宇、宗祠、古墓等，進行現場教學。此種活動，一方面促進兩岸以及東亞青年之互相認識，增進大家之友誼，同時也學習了儒學，也認識了臺灣的儒教文化和歷史。

以上是以儒學儒教為例來說明最近數年，兩岸的文教之互動。很快地，在文化的相連結之下，中華民族的共同體意識就將分隔多年的兩岸中國人心再次融合而為一。

除了上述的方式。另有一種交流互動的方式，那就是儒者著作的出版。臺灣和香港的大儒，如錢穆先生、徐復觀先生、唐君毅先生的全集，都已經在大陸重印出版。愛新覺羅毓鋆先生的講課筆記，經由弟子之整理，也陸續在兩岸分別以繁體和簡體字出版。他們的著作，是他們的儒家常道慧命之承載體，兩岸有很高比率的知識分子正在認真地研讀他們的著作，學習他們的思想智慧。這個文教上的意義不可忽視，對這一代和下一代的中國人言，一定會有極深遠的心靈生命的提升鍛造的影響。

而同樣的，大陸這些年來，有計畫地整理並標點歷代大儒的全集，陸續予以出版。這種出版事業的貢獻的確甚為宏大。臺灣也能買到大陸版的大儒全集，如《朱文公集》、《王船山全集》、《王陽明全集》、《黃宗羲全集》、《張載集》、《周敦頤集》、《陸九淵集》、……等，在臺灣，這些年由於出版界的

不景氣，沒有誰敢去印製儒家集，所以，臺灣的儒學研究，必須依靠大陸專門出版的全集，由於全集的問世，臺灣儒學之研究，不至於衰退墮落，還能維持一定的研究水準。

五、幾個中華文化傳播臺灣的理論

　　臺灣除了原住民的部落之外，它的文化景觀和生態，是中國人（主要是漢人）從大陸渡過「黑水溝」，歷盡千辛萬苦而開發出來的，臺灣史大家連雅堂說臺灣先民過臺灣，乃是「篳路藍縷，以啟山林」，一代一代人之繼踵不絕地將荒野墾闢成田，並且建立了村莊和都邑，逐漸地把中華傳統文化帶到臺灣。

　　臺灣的文化不是天上直接掉下來的，也不是從地底突然湧出來的。臺灣的漢文化是閩粵漢人從明鄭起始一直到清朝，不斷地由他們從大陸原鄉帶到臺灣。法國文化地理學家保羅維達爾提出其主張，即人地互動，有三個要素，一是文化，一是歷史，一是環境；文化是主體能動性，它在一個環境中活動，經過了歷史時間的汰練型塑，逐漸地就形成了這個文化之群體與該地理環境互動後的文化景觀和生態，而這整體，就是這個文化群體的生活方式。此即有名的文化地理學上的「生活方式論」。漢人到臺灣來開發拓殖，把臺灣創造成漢文化的地理區，他們就是拿著自己閩粵原鄉的生活方式來到臺灣，將這個原鄉傳統的生活方式，在新的土地上面，加以落實發展。此可對照來看其意思，就臺灣言，原住民的平埔族長期以來，其文化只能經營採集、漁獵以及原始的旱作，這即是其生活方式，但閩粵的漢人來到臺灣，他們在平原和丘陵地，卻能根據他們在大陸原鄉代代相傳上千百年的灌溉

型水稻業的文化來實踐之，也讓他們開發定居的平原和丘陵，在三五年內變成與原鄉一樣的水稻農村的生活方式。對於清代移墾臺灣的漢人形塑的漢文化景觀和生態之基於他本來的文化，此種文化地理學理論稱為「原鄉生活方式論」。

另外，亦有一種關於清代漢族來臺灣拓殖並且落實的理論，稱之為「土著化論」，此理論解釋漳泉和客家人群來臺開闢，先在臺灣形成的是「移墾社會」，在此階段，臺灣社會仍不穩定，易有漳泉客的分類械鬥，漢移民仍然返原鄉祭祖掃墓，其心靈仍然停留在閩粵原鄉，唯經過了一段開發和定著的時間，在臺漢人慢慢地建立了自己的鄉莊、城鎮，也以大廟供奉了自己從原鄉請來的保護神，更興辦了書院私塾，給子弟好的教育體系，同時，在臺灣已經有自己的宗祠、祖墳，所以，在臺漢人不需渡海返回大陸祭祀掃墓，此時，臺灣已經成為穩定的「文治社會」，一旦完成了文治社會，就是漢人在臺灣定著已經完成，此稱為「土著化」。而什麼是此「土著化」之要素或內容？乃是華南漢族的社會文化。其實，也就是漢人在大陸的原鄉生活方式，這其實就是中國傳統文化及其價值核心。

又有另一種理論，給清代臺灣的漢人開發過程，提出歷史的說明，即「內地化論」。清代漢人不是空手無心來臺灣的，開墾拓殖的早期，一切尚未穩定，墾闢者多俗稱羅漢腳的單身男子，且大多無文而粗鄙，因此，社會浮囂，常有衝突，此時，是「移民社會」，但經過了一段時期，逐漸地也在臺灣建立了漢文化形態的「文治社會」，其中最重要的證成臺灣是漢文化的文治社會的指標或內容，就是包括廟學和書院之文教推行的科舉制度在臺灣落實，臺灣已有士子群體，且政府衙門之行政體系運作，與大

陸亦已一致，再者又有民間宗教中的「全國型大神祇」的大廟之興盛，如「武聖關公」、「天后媽祖」的崇祀之普及全臺。以上等等例證都是說明臺灣經過來臺的漢人及士子、官吏的共同努力，漸漸地發展成為「跟內地的文化制度」完全一致的漢族社會，此即臺灣完成了「內地化」。也就是臺灣自明鄭開臺而清代收入版圖，於此一段不算短的治理時期，中國人將中華文化從中原內地，帶到臺灣加以播植生根茁壯，最慢在清中葉，臺灣就是中華文化為主體的中國人之生活世界。

　　以上所述三種理論，用語著重性不同，論述形式亦各有特色，但都證明了一個事實，即臺灣是中國人渡越臺灣海峽天塹而以中國文化開拓發展出來的一片最後的領土。

　　然而上述的理論是單方面地指出臺灣文化是大陸或中土移植擴散到臺灣發展完成，似乎兩岸的文化體系是如江河的源頭與下游的關係。另外又有「雙向互動」之理論來說明並且指出明鄭至清代兩百多年，兩岸的關係並非單面向臺灣的流動，兩是文化、社會、人群、物質都呈現雙向的互動之複雜關係。其實，大陸臺灣的文化關係本來就是複雜動態的內容，是你中有我，我中有你而成為同體之結構，換言之，中國不可割裂大陸，臺灣也不可從中國割裂出去。清朝時期，臺灣士子渡海科考，甚至有中舉而赴甘肅出任知縣者；其時，臺灣米、茶、樟腦和蔗糖均輸出大陸，是為兩岸貿易大宗；而太平軍起，臺中霧峰林文察更統領臺灣軍出征，勛業卓著，後來在漳州城外，遇伏力戰而歿。現代臺海兩岸的歷史亦能證明此點，林家子弟林祖密參加同盟會支持孫中山先生國民革命，不幸為孫傳芳特務暗殺。日據時期，許多臺灣青年返回大陸求學工作，七七對日抗戰爆發，霧峰林家的林正亨，

投身中國戰場率軍殺倭，軍功彪炳；臺北蘆洲李家的李友邦也到大陸，組織「臺灣義勇軍」以及「三民主義青年團」，領導臺灣人士參與了神聖的對日抗戰。除上述的例子之外，其實甚多臺灣人經由各種方式和管道，返回大陸，他們許多是受到孫中山先生的精神感動而回歸，也有是因為臺灣的「臺灣文化協會」、「臺灣民眾黨」、「臺灣農民組合」、「臺灣共產黨」等臺灣人民的文化抗日之組織和團體的啟蒙運動以及民族主義之感召，使許多臺灣青年毅然返回祖國從事抗日的志業，臺灣得以光復，臺灣人的戮力和犧牲，亦有崇高的貢獻。

六、結論

鄭延平王始治臺灣，以儒學儒教開創了臺灣的中華道統和文化，入清版圖之後，垂兩百年，朱子儒學的文化以及釋道兩教和閩粵的漢族民間宗教信仰，在臺灣成為基本的文化體系，臺灣就是中國的最東邊疆域。縱許日本帝國主義殖民治臺灣五十年，臺灣人民仍然是依據中國文化的價值系統和基本信念而存在的中國人。四九年兩岸分治之後，中土渡海來臺灣的菁英，將高層次的儒學和佛學帶來臺灣，經過高教、學術、民間書院講學以及人間佛教之弘揚，臺灣的傳統文化水準一下子提升至核心地位而不再是中國文化的邊緣地區。

然而，臺灣卻有兩樣因素，促使當前臺灣面臨一個嚴重的文化疏離分裂的危機。其一，臺灣地處中國邊陲，是漢族移墾最後一片土地，其歷史甚短，故移墾社會的好鬥非文的風氣很盛，清時有三年一小鬥、五年一大鬥的分類械鬥的惡習劣風，雖然清朝

渡臺官吏多有賢儒，特重廟學、書院之教化，但畢竟臺灣屬於移墾心性重又加上商貿重利之風，所以，社會浮動，民性傾向反動挑釁，一遇亂局，常常結夥爭鬥，此種風氣並未隨歷史時間之遷移而轉化。其二，臺灣曾被日本帝國主義殖民統治五十年，日帝在臺灣製造了親日媚日的所謂「皇民化」的臺灣買辦特權階級，他們替日帝壓迫剝削自己臺灣同胞，成為日據五十年的臺灣漢奸，這個特權階級在一九四五年臺灣光復之後，卻成為仇恨中國的集團，他們串連國際反中國的外國勢力，在島內外從事脫離中國的「臺獨運動」。此兩股力量，形成臺灣另外一個潮流，它親近諂媚日本和美國殖民主義，最近二、三十年來，以頑囂粗鄙非禮無文的鬥狠方式，成為在臺灣大搞去中國化的民族、國家分裂主義。在它的立場，上述的臺灣四百年來的中國傳統文化和道統，正是它必急於消滅清掃的對象。但相信四百年來的儒學儒教以及中國傳統三教文化和信念，必是臺灣的中流砥柱，臺灣終究屬於中國。

再修稿於天何言齋 2018/10/21

當代新儒學

玖　儒家的一心兩重思維形式

一、《論語》顯示的儒家之「一心兩重思維」

　　《大學》的內聖外王之功夫次第，以「心」為關鍵，心之前即是「格物→致知→誠意」；其之後就是「修身→齊家→治國→平天下」。[1]雖然它有說：「自天子以至於庶人，壹是皆以修身為本。」[2]似乎《大學》是以「身」為關鍵？然而其實此處言及的「身」是心的載體，其能動性在「心」。朱子注曰：「『壹是』，一切也。正心以上，皆所以修身也；齊家以下，則舉此而錯之耳。」[3]心的實踐，須落實具現在身上，所以，能夠著明而顯為人所見到的，是具體的身而不是抽象的心，心看不到，雖無法具體看見，但其真正的關鍵能動主體是「心」。

　　大體言之，儒家的傳統心論，似乎比較傾向「道德倫常」的修為和實踐，起碼以此「道德心」的建立、體證和踐成為根本，而以文藝、知識的學習為次為末，也就是視之為隨附於心之修為

---

[1]　《大學》曰：「物格而后知至，知至而后意誠，意誠而后心正，心正而后身修，身修而后家齊，家齊而后國治，國治而后天下平。」

[2]　見《大學》，第一章。

[3]　〔南宋〕朱熹：《四書集注・大學章句》（臺北：世界書局，1997），頁6。

而帶出來的非主體性之事。最明白的章句在《論語》。孔子曰：

> 弟子入則孝，出則弟，謹而信，汎愛眾，而親仁。行有餘力，則以學文。[4]

此章句十分明白顯出孔子要求弟子以實踐道德倫理為重心，朱子注解「餘力」為「暇日」，意思是閒暇之時就學習「《詩》、《書》六藝之文」。[5]可見朱子重道德倫理實踐，有餘暇時才坐下來學習典籍。而朱子在同一注釋中又引程子之言曰：「為弟子之職，力有餘則學文。不修其職而先文，非為己之學也。」[6]程子所謂「弟子之職」，即指「儒者的職志」；此職志是以踐履道德倫理為目的，而在體力和智力允許下，才能讀習典籍，如果不實踐道德倫理，卻以讀書學習文藝典籍為優先，此即非「為己之學」；而所謂「為己」即正心修身的道德倫理之修為。

同一章句之注釋，朱子再又引尹氏曰：「德行，本也；文藝末也。窮其本末，知所先後，可以入德矣。」洪氏曰：「未有餘力而學文，則文滅其質；有餘力而不學文，則質勝而野。」在兩氏之言後面，朱子則說：「力行而不學文，則無以考聖賢之成法，識事理之當然；而所行或出於私意，非但失之於野而已。」[7]

4　《論語·學而篇》。

5　朱子曰：「餘力，猶言暇日以用也，文謂詩書六藝之文。」見〔南宋〕朱熹：《四書集注·論語集注》（臺北：世界書局，1997），頁 62-63。

6　同前注。

7　同前注。

尹氏之言著重道德倫理之實踐，此為「本」；詩書六藝之典冊文字，則是「末」。而窮貫本末為一，求知依循本末前後之次序，如此才能「入德」。依此，尹氏固然以道德倫理為先，但他已指出那個居於「末」的位置之「文藝」的學習，也是不能缺少的，因為本末需一貫，先後次第的工夫是入德之所必須，換言之，需熟習典籍文字，才能通達本質性的道德倫理之實踐。而當然，尹氏之所指的文藝之習得，目的是為了成就道德倫理。洪氏之言則是點出如果沒有踐履道德倫理，卻光只是去研習文藝典籍，則虛文就會滅了心性中的本有德性；可是如果不去學習詩書六藝等經文，則亦難於確實踐成道德倫理，就會變成無人文之野人。洪氏顯然重視道德倫理實踐之功，也同時重視儒者應該修習研讀經典，質與文相配合而一致，換言之，「學文」是不可輕忽的。朱子則正面地肯定了「學文」十分重要，因為唯有研讀熟習經典，才能考析聖賢之成法以及事理之當然，朱子於此強調了通過文字書本學習道德倫理和一切人世間之事理的重要。

　　孔子施教，當然是道德為首出的教育，但也不輕忽或應說是重視「文」之學習，弟子學習《六經》，是孔子在教學中之重點，譬如，舉「詩教」來予闡明。子曰：

> 小子，何莫學夫《詩》？《詩》，可以興，可以觀，可以群，可以怨；邇之事父，遠之事君；多識於鳥獸草木之名。[8]

8　《論語・陽貨》。

「興觀群怨」是詩心有所感應、感奮之詩情，屬於文學。而事父事君之道，屬於德性之道德倫理的踐履。多識鳥獸草木之名，則是知性之認知。由此，孔子不止重德而已，他也重感興之情，亦重認知現象而建立知識。再又一例：

> 陳亢問於伯魚曰：「子亦有異聞乎？」對曰：「未也。嘗獨立，鯉趨而過庭。曰：『學《詩》乎？』對曰：『未也。』『不學《詩》，無以言。』鯉退而學《詩》。〔……〕」[9]

孔子囑咐伯魚要好好學習《詩經》，因為《詩經》包括〈風〉、〈雅〉、〈頌〉等，它並非純文學，而是周前數百年或千年以來，中國的朝野、貴族、黎民的宗教、祭儀、心情、性靈以及文明等等事務的記錄、歌詠。所以，一部《詩經》就是一部當時的中國文明史之內容。因此，學習乃至熟悉《詩經》，就能充分認知當時的中國之文明、社會、人心甚至於生態，如此，就有豐富的「知識」和「思想」，才具有「言」之能力。

再引一句《論語》章句加以闡述。

> 顏淵喟然歎曰：「仰之彌高，鑽之彌堅；瞻之在前，忽焉在後。夫子循循然，善誘人，博我以文，約我以禮，欲罷不能，既竭吾才，如有所立，卓爾，雖欲從之，末由也已。」[10]

9　《論語·季氏》。
10　《論語·子罕》。

朱子注曰：「博文、約禮，教之序也。言夫子道雖高妙，而教人有序也。侯氏曰：『博我以文，致知格物也；約我以禮，克己復禮也。』程子曰：『此顏子稱聖人最切當處。聖人教人，惟此二事而已。』」[11]朱子的注釋著重孔子的教育次第，意思是先博文，再約禮。侯師聖有進於朱子之解而特別指出「博我以文」是「致知格物」；「約我以禮」則是「克己復禮」。程伊川點明聖門之教就只是此兩種功夫，一是博文，也就是致知格物；另一是約禮，也就是克己復禮。前者是心之知性感物而建立知識；後者是心之德性應物而成就禮樂。博文之知識的建立，養成儒者知曉世界的各種現象結構內容，而約禮之道德的成就，養成儒者仁愛世界的一切生命存在意義。由此章顏淵贊頌孔子的話語，證明孔子以及儒家同時重視道德倫理和文藝知識。

　　本心良知為能動主體，而其發用則有兩路，一是道德倫理之體悟和實踐，而另一則是詩書六藝之學習和認知。在《論語》，可謂之「約禮」和「博文」，而兩路均發用於本心，但莫以為此兩路是平行線而毫不相干，就儒家之觀點，兩路是互動的辯證關係，是一體的兩面，有相輔相成之效。

二、儒家古典中的「一心兩重思維」

　　孔子已開出「一心兩重思維」的形式，在《論語》中已具此義。謹再舉其他儒典以明之。先述《中庸》，其曰：

11　〔南宋〕朱熹：《四書集注・論語集注》，頁117。

大哉聖人之道，洋洋乎發育萬物，峻極于天。優優大哉！禮儀三百，威儀三千，待其人而後行。〔……〕君子尊德性而道問學。致廣大而盡精微，極高明而道中庸。溫故而知新，敦厚以崇禮。〔……〕[12]

晚明大儒王夫之進一步闡述，曰：

實理充塞乎兩間，而聖人著之，則亦極乎其大而無可加矣。自道之全體而言之，萬物之所資始者也、天地之所運行者也，故聖人因之以立道者，洋洋乎流動而不滯，充滿而不窮，極於至大而無外矣。〔……〕天之無極，非道之至峻者不能極；聖人一心之所擴而大公存焉，凡天之理氣所流行者，皆其心量之所至也，由是而其用行焉。〔……〕其損益建制而為禮儀者，以盡乎吉、賓、軍、嘉之制，則有三百焉，尊卑等殺之咸秩矣；以悉夫登降、進反、酬酢之文，則有三千焉，常變鴻纖之咸備矣。[13]

船山認為天道之理發育萬物，它自己無言無說，虛懸而抽象，乃是聖人將此天道之生生理則予以著明於世間；著明天道的生生大用之理，不是天之本身，而是聖人。天之發育萬物的「理氣流行」無限無窮，則聖人之心量亦是無窮無限，而天道顯發於天地萬物之生生大化，在聖人則亦是以其主體能動性來建制運作「三

---

[12] 《中庸》，第二十七章。

[13] 〔明〕王夫之：《四書訓義》（上冊），收入《船山全書》（長沙：嶽麓書社，1996），第七冊，頁208。

百三千的禮儀威儀」，而此禮儀的文制，就是人文世界的結構和
內容，有其粗細大小以及規範次序。基於上述，我們可以這樣理
解，即：聖人之道，就是天道、天命、天理；何以又加「聖人」
一詞？乃因「道」不虛行，它不能僅停留在抽象之境，它必由聖
人的仁心仁政而具體實現在世間，故《中庸》乃說「禮儀三百，
威儀三千」要具現於世間而其氣象規模是「大哉而優優」。此所
謂「大」，是不與「小」對待的「絕對的大」，是指「三百三千
的禮儀威儀」都充分盡致地實現踐成於世間每一層次每一地方而
無遺漏。[14]「三百三千」則是指多元繁賾的表顯具現的意思，
「禮儀威儀」是古人用語，用現代話語言之，就是禮制文物的文
明總體之具體呈現的意思。我們依賴本心的「智之直覺」而體證
感應「道之本身」，但道必繁興大用，此發用處，則必顯發為具
體的禮制文物等現象，而在這層，我們由本心的知性之認知，乃
能「立法」而認識，由此遂有知識境界。故儒家雖然多以德性為
首出，而優先道德倫理之啟迪和教化，但就道的發用之具體結
構，儒家並不忽略外延性架構性的知識體系。

　　本心發用為兩路的此種「一心而開出兩重思維」之形式，先
秦原創型儒家既已建立了模式，在《論語》中如此，而在《中
庸》亦如此，再以《易·繫辭》為例闡述。它先論道德倫理之
義，提出綱要曰：

　　　天地之道，貞觀者也，日月之道，貞明者也，天下之動，

14　朱子曰：「『優優』，充足有餘之意。『禮儀』，經禮也；『威儀』，
　　曲禮也。此言道之入於至小而無間也。」見〔南宋〕朱熹：《四書集
　　注·中庸章句》，頁48。朱子之注釋就是筆者本文所言之意思。

> 貞夫一者也。〔……〕天地之大德曰「生」，聖人之大寶
> 曰「位」。何以守位？曰「仁」；何以聚人？曰「財」；
> 理財正辭，禁民為非曰「義」。[15]

這是從天道大化流行而下貫遍通於人文的道德倫理觀，天道就是
聖道，天心與人心一本，故依天理建立人世之倫常規範，而這個
倫常規範是建立在生生之道的仁義之政。

　　然而，創作《易傳》的儒者卻不僅僅以本體宇宙論的方式，
概念地說出天人一本之理而已，他明確地表示「經驗實證底實
學」來認知世界現象，才是實現仁義的入路。所以《繫辭》接著
說：

> 古者包犧氏之王天下也，仰則觀象於天，俯則觀法於地；
> 觀鳥獸之文，與地之宜；近取諸身，遠取諸物。於是始作
> 八卦，以通神明之德，以類萬物之情。[16]

明儒來知德釋之曰：

> 法，法象也。天之象，日月星辰也；地之法，山陵川澤
> 也；鳥獸之文，有息者根於天，飛走之類也；地之宜，無
> 息者根於地，草木之類也。〔……〕近取諸身，氣之呼
> 吸，形之頭足之類也；遠取諸物，鱗介羽毛、雌雄牝牡之

15　《易・繫辭下傳》，第一章。
16　《易・繫辭下傳》，第二章。

類也。通者，理之相會合也；類者，象之相肖似也。神明之德，不外健順動止八者之德；萬物之情，不外天地雷風八者之情。德者，陰陽之理；情者，陰陽之跡。德精而難見，故曰通；情粗而易見，故曰類。[17]

來氏這段注釋顯示《易繫辭下傳》第二章的思想，乃是人心通過其感官對他的生活世界之生態形式和內容，進行了經驗觀察而得出人心對於世界生態之認知。其認知的對象包括天文地理以及各類型動植物，就其類別和總體以及易見到的和不易見到的內容或結構，而有所觀察、分析、綜合，進而有所認識和了解。其實，這就是古代儒家重視實際知識的明證。

接著，《繫辭》又曰：[18]

作結繩而為網罟，以佃以漁，蓋取諸「離」→漁獵。

包犧氏沒，神農氏作，斲木為耜，揉木為耒，以教天下，蓋取諸「益」→農耕。

日中為市，致天下之民，聚天下之貨，交易而退，各得其所，蓋取諸「噬嗑」→貿易。

神農氏沒，黃帝、堯舜氏作，〔……〕垂衣裳而天下治，蓋取諸「乾坤」→禮樂文制。

刳木為舟，剡木為楫，舟楫之利以濟不通，致遠以利天下，蓋取諸「渙」→交通。

17　〔明〕來知德：《師恩本・周易集註》（下經）（臺北：養正堂文化事業公司，2017），頁1343-1344。

18　引文箭矢符號之右，是筆者所記，以明該句經文之要義者。

服牛乘馬，引重致遠，以利天下，蓋取諸「隨」→運輸。

重門擊柝，以待暴客，蓋取諸「豫」→警備治安。

斷木為杵，掘地為臼，臼杵之利，萬民以濟，蓋取諸「小過」→工藝工業。

弦木為弧，剡木為矢，弧矢之利，以威天下，蓋取諸「睽」→武力軍備國防。

上古穴居而野處，後世聖人，易之以宮室，上棟下宇，以待風雨，蓋取諸「大壯」→居屋建築聚落。

古之葬者，厚衣之以薪，葬之中野，不封不樹，喪期無數。後世聖人，易之以棺槨，蓋取諸「大過」→喪葬祭禮。

上古結繩而治，後世聖人，易之以書契，百官以治，萬民以察，蓋取諸「夬」→文字書籍。[19]

以上所引《繫辭下傳》第二章的敘述，是古儒對於上古中國的文明發展的客觀描寫，其一方面是文明社會的各領域之事實現象的簡明點示，包括了文明的體系制度之主要內容，有：生產方式、禮樂政教制度、交通運輸、居住聚落、治安司法、國家軍備國防、國民喪葬之禮等，另一方面則更表達了這複雜的文明的創造和發展，是必須有賴於教育的，換言之，是關係到認知與技能的教育和延續的，這個層次，會形成記載而成為書冊典籍，其累積演進，必形成各領域的專業知識系統。換言之，儒家古典除了道德心性論形上論的建構與鋪陳，它也同樣積極重視客觀架構之知

識體系的建構與發展。

三、心學家和理學家的「一心兩重思維」

先秦儒家既然同時肯定重視「一心兩重思維形式」，並不輕忽心之認知而建構知識體系，宋儒如何？茲舉張載之觀點而予詮釋。張載曰：「大其心，則能體天下之物，物有未體，則心為有外。」[20]王船山解釋說：

> 大其心，非故擴之使遊於荒遠也；天下之物相感而可通者，吾心皆有其理，唯意欲蔽之則小爾。由其法象，推其神化，達之於萬物一源之本，則所以知明處當者，條理無不見矣。天下之物皆用也，吾心之理其體也，盡心以循之，則體立而用自無窮。[21]

橫渠認為人之心是廣大無限量的，只要擴而充之，自能「體天下一切物」。這句話語，船山加以詮釋，指出心並非虛玄空蕩，它一旦作用，就能感通於天下之物，此心能「法象」，也就是人之心有其主體能動之性，它可感應於現象而為其「立定法則」，本體之理在心，其發用則照應感通於物，故在物之立法就是心之大用。船山的心物詮釋，明顯重視心能依其感通照應之作用而明白物理，這個取徑，是會且能建立客觀知識體系的。

20　〔南宋〕張載：《正蒙·大心篇》。
21　〔明〕王夫之：《張子正蒙注》（臺北：河洛圖書出版社，1975），頁103。

　　然而，張載又這樣說：「世人之心，止於聞見之狹，聖人盡性，不以見聞梏其心，〔……〕見聞之知，乃物交而知，非德性所知；德性所知，不萌於見聞。」[22]橫渠此句話語說出心有兩重思維，一是「見聞之知」，另一是「德性之知」。他說世人的心被見聞梏限，聖人則體證德性，故能超凡入聖，見聞是「物交於物」才產生的，但德性非是，它是天之直貫而超越的。於此，橫渠似乎重「道德心」而輕忽「認知心」，與一般人認為宋儒之傾向「唯道德主義」而疏忽或輕視知識之獨立性和重要性，是一樣的。可是，張載的意思可能不是如此簡單，他又說：「由象徇心，徇象喪心。知象者心，存象之心，亦象而已，謂之心，可乎？」[23]此句意思是說能夠認知現象的，是心，但是現象如果既已「存置於心中」，有點像是容器裝入事物，假如人們只執持滯固於這些事物現象，則包括了容器化了的心以及其中塞滿的現象，就只是一堆現象而已。若依此思路，則橫渠豈不輕忽了「現象」的存在價值？我們且讀船山的詮釋：「見聞所得者象也，知其器，知其數，知其名爾。」[24]現象是從「見聞之知」來的，以現代語言言之，就是：「現象」是通過知性認知而得出的知識之對象。故說認知器物、數量和概念名辭；此種認知，是知識體系，是科學之路。而這條思維之路，其實，理學家並未加以忽視，只是他們一直強調人之德性關係著人之所以為人，而非知識決定一個人之所以成為一個人。而張載仍然表達了本心發動它的「認知功能」而與天地相通之義，他說：

22　同注 20。

23　同前注。

24　同注 21，頁 105。

> 天之明莫大於日，故有目接之，不知其幾萬里之高也；天
> 之聲莫大於雷霆，故有耳屬之，莫知其幾萬里之遠也；天
> 之不禦莫大於太虛，故心知廓之，莫究其極也。[25]

此段敘論完全表達了外測之學之義，人以感官（眼、耳、鼻、舌、身、意，佛云「六根」）來面對天地宇宙，須通過觀察才能積小知而累成大知，這是感官經驗之事，不是「道心」直覺體悟之事，換言之，橫渠對於外在於我們身外的世界，也沒有輕視，在他那個時代，若以目來測量太陽，則不知太陽距離觀測者多遠；同理，若以耳來聽雷霆，也無法測出陰陽電交合而擊出的雷震距離聽測者多遠。此乃因為那個時代還沒有發明出科學探測的儀器，但是縱然如此，橫渠此兩句的喟嘆，卻也含具了理學家對於宇宙自然之現象加以測量的外延性、架構性、客觀性之認知興趣和好奇，這就是他正視「見聞之知」的證明。由此點，亦可說明宋儒固然把教化之目的放在「成聖成賢」的德性教育之功夫和境界上，我們讀宋儒語錄文章，如周敦頤的《通書》、二程的《二程集》或朱子的《近思錄》等，常常覺得道德倫理性的論調甚強，好像忽略了經驗實測的認知見聞之學，其實不然。依據張載的說法，耳目感官固然常常成為蒙蔽心性之障礙，但其實並非感官引起的，而是本心自己必須時時起主體的作用，耳目感官自會成為心之工具而有其大用，所以，橫渠曰：「耳目雖為性累，然合內外之德，知其為啟之要也。」[26]船山加以闡述曰：

25　同注 20。
26　同前注。

　　　累者，累之使禦於見聞之小爾，非欲空之而後無累也。內
　　　者，心之神，外者，物之法象；法象非神不立，神非法象
　　　不顯。[27]

王夫之指明，儒者不能以為如同佛門之以六根六識為空幻而可以
空去萬法，以為視耳目感官為四大緣合之空幻者，而能內守一個
孤明之心靈，以此乃可灑脫無拘累。此種思想，船山是加以斥責
的。他說明心之神用，是作用在對現象之知覺感應的；而現象之
能夠得其法則之建立，則是有賴於心神對其知覺感應。總之，
「心神」與「法象」是內外合一的，即「心物合一」。而與心合
一的所謂「物」，其實就人而言，就是人對世界萬物的認知，亦
即人對這個存有這個世界的知識系統。

　　　多聞而擇，多見而識，乃以啟發其心思而會歸於一，又非
　　　徒恃存神而置格物窮理之學也。[28]

船山直接肯定了「見聞之知」的積極正面義，儒家行道，不能僅
僅如同佛家禪子或心學末流之空言心的內在性，而必須有外延性
架構性的客觀知識，所以鼓勵儒者宜用心於「多聞多見」的經驗
實證功夫，以理學家的話語而言，就是「本心用於格物窮理」。
　　橫渠既是如此具備「一心兩重思維形式」，而既重德性也重
認知。宋儒是否皆是這樣？茲以跨越北宋南宋之交的大儒胡宏而

27　同注 21，頁 106。
28　同前注，頁 106-107。

明之。胡宏，福建崇安人，宋高宗建炎年間，因戰亂之故而隨父兄避難，徙居於湖北荊門、湖南湘潭，後來長居於衡山五峰之下，故後學尊稱其為五峰先生。其父胡安國（文定）是著名《春秋學》大家，五峰先生傳承其父之經學，為世所重。他除了傳胡氏春秋經學之外，亦師從楊龜山和侯師聖，間接傳習了洛陽二程兄弟，特別是程明道的道學。[29]學者吳仁華這樣說：

> 胡宏終身不仕，視功名富貴為「一時事耳」，但「不耽於釋，不養於老」，沒有超脫塵世的厭世思想。他異於一般的理學家，具有重視社會現實的傾向。面對嚴峻的社會現實，胡宏不是埋頭於理學的空泛之說，而是注重學以致用。他說：「聖人之道，得其體必得其用。有體而無用，與異端何異？」胡宏很重視井田、封建、學校、軍制，認為是「聖人竭心思致用之大者。」[30]

五峰視釋道兩家為「有體無用」的「異端」，其反面的意思就是指儒家必得有體有用，而這個「用」就是「經世濟民」之「實學」的「大用」。而在他生存的南宋高宗時期，其心目中注重的有用之實學，有井田、封建、學校、軍制等。此四個領域，必有經驗實證之實測的知識和技術，才能建立發展，而非抽象的心性形上哲學。觀諸《胡宏集》，五峰先生的心性論是在《知言》一

29　吳仁華：〈胡宏的生平、著作及其思想〉，收入吳仁華點校：《胡宏集》（北京：中華書局，2009），頁1-2。
30　同前注，頁13。

文中，其思想承自孟子而主張「盡心成性」、「以心著性」，[31]
這方面是他的「德性論」、「心性形上本體論」。而除此之外，
在《集》中，有各種〈書〉、〈雜文〉以及份量很重的〈論
史〉、〈中興業〉以及〈皇王大紀論〉，在這些文章論述中，都
是必須建立在經驗實證中的政治學及歷史學、經學的思想和觀
點。[32]此意謂南宋大儒胡宏一樣是要求自己必合乎儒家自古相傳
而下的「一心兩重思維形式」來同時建立德性和知識，並不偏向
一邊。

　　然而，心學家是否就只重視「德性心」的思維之路而輕視
「認知心」的思維之路？心學家在心性論的論述上，的確把本心
之肯定擺在首出之位置，如陸象山教人要「先立乎其大」，掌握
心之靈明。在象山先生的文章、語錄中，於重要章節，很容易看
到他往往要人培養此本心的修養論，似乎他是一位很單純簡易的
只強調「本心主義」之學者，有如佛教禪門，只教人向內趨靜以
觀照自家本心之朗朗明光的清淨，如此就是悟道境界，而世人甚
至儒家如朱子及理學家們，常常誤以為陸象山及其心學是一種禪
化之儒。但是我們去閱讀《陸九淵集》，就會發現並非如此，在
心之形上論和本體論，象山先生呈現了一位境界甚高的心之哲學
家的睿智，這是他在「真如諦」之境的超然表現，有一灑然無拘
絆的虛靈脫凡，但在「世俗諦」之境，則象山先生卻又依據儒家
孔孟外王治道而表現了「實學」的經驗務實之進路和境界。古代
儒家必須熟知黎民賴以維生之農事，蓋因農事關係仁政王道之初

31　此點依據牟宗三先生、蔡仁厚先生的詮釋。
32　參見《胡宏集》。

基，此義孟子嘗言之深切著明，而心學家於此亦必深入精到，象
山先生也表現了孟子治道的傳統，茲舉其相關文章一二例以證。

> 金谿西北近臨川處，率多旱田，耕必三犁，秋乃可望。常
> 歲及今再耙挾矣。今阻寒凍，曾未舉趾，農者凜然有無年
> 之憂。雷先啟蟄，泉源已動。泉之盛，一甲子而止，動早
> 則及夏淺；動晚則及夏深。泉與雨澤亦相表裏，故動早旱
> 徵，動晚稔徵。今先啟蟄而動，則不及夏矣。比年貨泉日
> 縮，民生日貧，穀價雖廉，往往乏食。重以冬春仍雪積
> 雨，畦塗隴敗，無所施力，困亦劇矣。霖霪未止，為之奈
> 何？[33]

象山先生談到江西的金谿鄰近臨川附近的農田，多屬旱田，耕作
困難，有賴地下水泉的灌溉，文中，象山論及的內容都是談到：
泉水的多寡以及湧出的時機之早晚，密切關係到耕作之成敗，他
也述及冬春兩季雪雨霖霪，農地淊灡，致使農人無法整理田畦進
行耕耘。陸象山此處談到的泉水與耕作，以今日農業生態學看，
是否準確，不是要點，而是他真正表現了他那個時代（象山，
1139-1192；12 世紀的中國），一位儒家在農事上之務實的、經
驗的認知和關心。換言之，象山先生亦重「認知心」的發用，故
其知識亦是實際專業，他作為一名心學家大儒，亦非蹈空應虛，
絕不是同時代以朱子為代表的理學家們的不正確批判，將象山及

33　〔南宋〕陸九淵：〈與張季海〉，收入鍾哲點校：《陸九淵集》（北
　　京：中華書局，2012），頁 131。

其弟子說成「空疏不讀書而掉入禪去」。

古時儒家入仕，其親民愛民之治道，必以農事為首務，而農耕的順逆，固然如上引文所述，關乎於天時，但也同時與地方治理有密切關係。而一位勤政愛民的心學儒家，畢竟不能只拿「心性形上論」或「道德本體論」去認知處理政務，他必須有「實學」之功來實際明白現實的地方政事才可。茲舉象山先生的一篇文章而明之：

> 惟皇宋紹熙元年，歲次庚戌，〔……〕奉議郎新權發遣荆門軍事、兼管內勸農營田事陸某，〔……〕昭告于是鄉五方山川神祇：
> 國有典常，掌在有司，非其職守，誰敢奸焉。然輔相不任燮調，以吏事為責；守令無暇撫字，以催科為政；論道經邦，承流宣化，徒為空言；簿書期會，獄訟財計，斯為實事，為日久矣。[34]

陸象山晚年奉命守荆門軍，撰述此禱雨文時，尚待赴任。此段文字所述顯示象山先生對於當時宋朝官吏之不愛民而一昧虛應故事以及只以催科剝財為務之不滿。對於實際國政的認識，是必須有經驗實證而來的認知和判定的，故此屬「經世濟民」之「實事實理」，而非空言。其文又曰：

> 今日輿圖未歸，東南事力有限，而朝廷、百官、有司、城

34　〔南宋〕陸九淵：〈石灣禱雨文〉，同前揭書，頁307-308。

郭、宮室、郊社、宗廟諸費，事大體重，未易損削。東西
被邊殆幾萬里，養兵之費，乃十八九。公卿大臣，寬厚有
體，日以靖恭謹重相告誡，方重改作、惡紛更，服膺仍舊
貫之旨，則民力日屈，郡縣日困，守令救過不給，其勢然
也。〔……〕

今不雨彌月，龜坼已深，水泉頓縮，陂池鄉涸。車聲塞
耳，而浸不終畝，憂色在面，而歎不成聲。民心自危，日
加一日。〔……〕 [35]

象山先生看出來南宋政權非常保守固陋，不願興革創新，國財耗
費在朝廷各種建築、薪資、祭祀以及龐大的養兵之費用上面。中
央大官養尊處優，不想變動，故國政停滯墮毀，而地方上的庶民
百姓愈來愈窮苦艱難，郡縣官吏往往無力施救援助。假如一旦天
災丕變，譬如久旱不雨，則旱災引發的歉收以及後面的饑荒就會
降臨。象山先生此段所論，十足呈現當時宋朝政治的腐敗。而這
個對時政的認知和判斷，是從經驗實證而來，是「實用之學」的
「見聞之知」而非「心性之學」的「德性之知」。

再從《年譜》之記錄來看實學實功的務實之陸象山。依《年
譜》，紹熙二年辛亥，象山先生五十三歲，九月三日至荊門軍，
於是「新築城」。其記載曰：

荊門素無城壁，先生以為此自古戰爭之場，今為邊次，在
江漢之間，為四集之地，南捍江陵，北援襄陽，東護隨郢

---

[35] 同前注。

> 之胠，西當光化夷陵之衝。荊門固則四鄰有所恃，否則有
> 背胠腹心之虞。[36]

此段顯示象山先生到荊門，加以實察而了解其地理區位的重要性，此段敘述，純粹是以「地緣論」來掌握荊門之區位。地緣區位的判斷，是須閱讀地圖以及從地形地理的實察觀測才能獲知，它是一種帶有科學科技性質之實用之學。顯然，象山先生表現了高度認知心的客觀理性能力，並非只是一位主觀心性論的哲學家。

> 累議欲修築子城，憚重費不敢輕舉。先生審度決計，召集
> 義勇，優給庸直，躬自勸督，役者樂趨，竭力功倍，二旬
> 訖築。初計者，擬費緡錢二十萬，至是僅費五千而土工
> 畢。復議成砌三重，置角臺，增二小門，上至敵樓、衝天
> 渠、荷葉渠、護險牆之制畢備，纔費緡錢三萬。
> 郡學、貢院及客館、官舍，眾役並興。[37]

上之引文看出陸象山並非空疏無實的虛玄之士，築城以及築郡學、貢院、客館、官舍等，牽涉兩方面的專業，一是築造工程技術之學；一是經濟預算統計之學，當然，象山身為主官，此兩專業屬於有司之務，但由此亦知象山先生於此並不外行，部屬無法欺瞞，故構築工程甚有效率且能節省。從《年譜》此段敘述，證

36　《象山先生年譜》，收入鍾哲點校：《陸九淵集》，頁 509。
37　同前注。

明心學家大儒的本心發用，並不單行，它是「德性之知」和「見聞之知」並行而不悖的，而且亦非一般俗人歪曲譏諷的，誣象山和心學家為空疏無用，實學和實作，在象山先生的心性和生命實踐中，十分重要。

　　若就理學大儒朱子言，尊德性和道問學的「一心兩重思維形式」，亦是同時注重的。他強調「讀書」，在《朱子語類》中費許多篇章談讀書之方。茲舉例究明朱子的意思。朱子曰：

> 為學之道，聖賢教人，說得甚分曉。大抵學者讀書，務要窮究。「道問學」是大事。要識得道理去做人。大凡看書，要看了又看，逐段、逐句、逐字理會，仍參諸解、傳，說教通透，使道理與自家心相肯，方得。讀書要自家道理浹洽透徹。[38]

此段，朱子透徹告訴學者必須以「窮究」的方式讀書，要看了又看，逐段、逐句、逐字理會，仍參諸解、傳，說教通透，讀到一種境界，就是要使道理與自家心相肯、要自家道理浹洽透徹，如此才算是讀書。可是，如此讀書目的何在？他說是要識得道理去做人。換言之，讀書主旨為了「希聖希賢」，也就是德性之所行境界。又曰：

> 今讀書緊要，是要看聖人教人做工夫處是如何。如用藥治

---

[38]　〔南宋〕朱熹：《朱子語類・壹》，收入《朱子全書》，第拾肆冊（上海：上海古籍出版社、合肥：安徽教育出版社，2002），頁314。

病，須看這病是如何發，合用何方治之。方中使何藥材，
何者幾兩，何者幾分，如何炮，如何灸，如何切，如何
煎，如何喫，只如此而已。[39]

此段大意，朱子指出讀書的要緊處是在：聖賢之境界的追求須有
求作聖賢的工夫進路，就像醫生診治病人，需切實看出病因以及
病況，並且正確開出藥方和藥量，且又須精確炮、灸、切、煎藥
材，同時，要精準拿捏病人喫藥的方式和狀況，換言之，讀書追
索明白聖賢的工夫和境界，是如同醫生治療病人，不是光有「醫
生的深厚愛心」而更需要「醫生的高明醫術」，前者是「德性
心」而後者是「認知心」。朱子也肯定「一心兩重思維形式」，
聖賢之路，需「德性」和「見聞」同時實踐。

　　如果離開「德性心」之發用心性中的聖賢人格主觀境界不
論，而僅就外延、架構性的認知之路來看，則朱子只純就「認知
心」之作用而發出來的專業知識之修養，甚明顯深厚。朱子非常
關心庶民賴以維生的農作情形，一旦有天災傷及庶民，他就以賑
濟無告之庶民為務，在這方面，朱子表現了專業知識的高明和精
細。謹就眾多相關文章中舉例來加以闡述。

　　續據管屬星子、都昌、建昌三縣，共抄箚闕食飢民二萬九
　　千五百七十八戶，數內大人一十二萬七千六百七口，小兒
　　九萬二百七十六口。本軍各印給曆頭牌面，置簿曆發送逐
　　縣當職官給散付人戶。預於縣市及諸鄉均定去處，共置三

---

[39]　同前注。

十五場，分差見任、寄居、指使、添差、監押酒稅務、監
廟大小使臣共三十五員監轄賑糶賑濟，及委縣官分場巡
察，嚴戢減尅乞覓之弊。自淳熙八年正月初一日為始，令
抄箚到闕食人戶赴場賑糶。其鰥寡孤獨之人，即以常平米
斛依法賑濟。〔……〕將已給曆賑糶飢民一例普行賑濟一
十三日，通作半月。〔……〕賑濟過米撮算共計一萬九千
石。〔……〕**40**

這篇文字是朱子向朝廷說明他擔任江西南康軍主官時，遇到當地
災荒而飢民無食，他要求地方稅戶、進士、太學生出來捐米賑濟
的記錄。儒家在地方任官，以愛民為治道之要務，逢到天災傷
民，儒仕居於惻隱悲憫之心而思有所救濟，此心是德性良知，但
如何具體實質賑災救濟，則不能只是光有這個悲惻之心而已，他
必須能夠依據「認知心」的知識能力而規劃並執行一套具有實質
數量和方法的救難政策才行。朱子在此充分表現印證了專業知識
的架構性和客觀性，如果缺乏此種外延式的客觀量化知識，他縱
然具足仁心，卻根本無法實現仁政，則那種光影之心是沒有實際
意義的。

四、當代新儒家的「一心兩重思維」

當代新儒家是由孔孟和宋明理學家一脈傳承的，所以亦有

---

40 〔南宋〕朱熹：〈奏為本軍勸諭都昌、建昌縣稅戶張世亨、劉師輿、進
士張邦獻、待補太學生黃澄賑濟飢民米斛〉，收入《朱子全書》，第貳
拾冊，頁752。

「一心兩重思維」的形式，也重視德性心和認知心，亦往往以前者為首出。換言之，他們也認為儒者須先立乎其大而以致其良知本心為要，通過認知心而來的見聞之知，是追隨德性而才有存在之意義。

但當代新儒家有其推進一步的想法。本文僅就熊十力先生的論點予以明之。

熊先生把心區分為兩種，一是「本心」；另一是「習心」。若就傳統宋明儒學或佛家道家而言，習心是負面的，是遮撥否定的，它是孟子所言：「物交於物，引之而已」，或如橫渠先生在《正蒙・大心篇》所言：「由象識心，徇象喪心；知象者心，存象之心，亦象而已，謂之心可乎？」能認識現象的是心，但若順著現象而認識心，則心之本身就被牯亡，而一旦心被現象所存注灌滿，則呈現出來的只是現象，本心已被役使而失去其本質，只能謂之為「象」，而不能說是「心」。張載的說法，分成「心」和「象」，其實佛門亦是如此，所謂「心真如門」與「心生滅門」即是此正負對立的雙重性；莊子區分的「道心」與「成心」亦是此義。而在程朱，甚至說「存天理去人欲」。這個天理，指的就是「天理下貫的本心」，而這個人欲，指的就是「私念放縱的欲習」；前者是先天本質，是正面義，要保任，後者是後天污染，是反面義，須去除。

但熊十力先生不這樣正反二分來看心性。他說：

> 宋明以來理學諸哲人，皆以為，本心感通斯物，因此，祇須有靜養工夫，使本心不失其澄明，不必役其心以逐物。
> 程朱解大學格物，雖未變亂經義，而終不肯研究格物之

術。[41]

熊先生指出宋明儒家只偏重如陳白沙所說的「靜中養出端倪」，以為內向體證來養出心之清淨，則不會役於物而可應對萬事，於是忌諱心可能會逐物徇象而喪亡澄明之德性，故始終不能正面肯定心之認知性而建立知識科學之積極義。熊先生認為：

> 本心只是天然一點明幾，吾人須以自力，利用此明幾，而努力去逐物、辨物、治理物，才得有精確的知識。否則將如前賢把心看作全知全能的神。不更盡人力，便無求知的可能。我的意思，人當利用本心之明，向事物上發展。不可信賴心的神靈，以為物來即通。[42]

熊先生指出不能以為本心天生就已含具一切現象在其中，有如全知全能的上帝，而它乃是天然一點幾微之明光，有賴我們自己主動努力去「逐物、辨物、治理物」，這個心自己去向外對著一切存在現象而追逐、辨索，且同時予以治理的過程和結果，就是人建立知識體系。實際上，熊十力先生於此是積極正面地肯定了本心的認知之能動性，不視其為心的負面和消極性。

相對於儒家，熊先生批評佛道兩家。他說：

> 佛家知識論，分真俗二諦。「根本智」證「真如」，此屬

41　熊十力：《明心篇》（臺北：臺灣學生書局，1976），頁 150。
42　同前注。

「真諦」；「後得智」了解事物，此屬「俗諦」。然佛法中，只承認根本智，是超出世間知識的範圍，是親證真如的正智，無有一切虛妄分別，故名「真諦」。後得智是隨順世俗的知識，而假立此智〔世俗的知識，是在實際生活中，經驗於事物而成者。如說地是地、水是水，此類知識，一般人都信為覈實不誤。〕故此智攝在俗諦，畢竟不是正智也。〔……〕根本智唯證真如，而其真如，是不生不滅，是超脫乎萬物而獨在，此誠為諸菩薩獨證之境，吾不知親證真如之根本智，究是何等智也。[43]

熊十力先生主張體用不二，並無超然於世界和萬物之上或之外的不生不滅的真如境。然而，佛家卻以「體證不生不滅而超脫乎萬物而獨在的真如」為「根本智」為「正智」。相反，佛家則認為「隨順世俗的知識，是假立之智，而非正智」，換言之，在實際的生活中經驗於事物而得出的認知之知識，也就是儒家所說的「見聞之知」是因緣聚合變幻不實而無真性的。熊先生認為佛家有訶毀否定知識之真實義之傾向。

他又說：

道家排斥知識，唯恐排之不盡。老子言明道若昧，若昧者，默然契合虛無，不起推度想像等作用，故若昧昧然也。此與《論語》所云默而識之的境界，絕不可同。默識，正是智慧境界。〔智慧契會道體時，祇是默識。道

---

[43]　同前注，頁 186-187。

體，即指宇宙的全體大用而言，如《論語・子罕篇》曰：
「子在川上，曰：『逝者如斯夫，不舍晝夜』」云云，聖
人睹川水，而觸悟全體成大用，浩然流行，息息捨故生
新，無有已止，既非恆常，亦非斷滅，妙之至也。
〔……〕道家以養神為務，智慧即神之流行也，然老莊遊
心於空虛之域，此其學說，所以多病。〕[44]

上段引文，熊先生指出道家只以養神養道為務，而其所以養者，
是完全內返於其所嚮往的清靜無為的道心之內，相對於此，道家
以為世界萬物只是隨順道體之自然，無主體性；人要在道心之
中，他不能涉入外在世界萬物之中而汩亂自身與道相合的清靜無
為之境界。這樣的本體論，當然會是反對認知心建立的「見聞之
知」的。而儒家則反是，因為舉本體之全必成大用，它必沒有一
息中斷地發用為世界萬物，故而生生大化所形成的存在物，是體
之用，在這些用中才有體。所以，一切發用生生的萬事萬物，皆
有正面義有積極義，順此正面積極之義，儒家從本心具有的認知
之能來進入一切存在現象的結構內容中，而予以研究之，並因之
建立知識體系。

　　順此論評，熊先生遂發揮儒家的「心之認知主體能動性」而
必然積極正面建立知識系統的觀點。他說：

智慧是性靈的發用，亦可說是本心天然的明幾。陽明云良
知，即此物也。知識，發生於外物，古哲或忽視此事。

〔此中「發生」一詞，是引發義。外物，是知識生起的助
緣，而非正因。但此助緣的力量大極，若無外物，亦決不
會有知識發生。〕夫物性闇而無知，本不能自了自識，譬
如鏡子能照人和物，不能返照自己，照相器亦然。今說知
識發生於外物，何耶？余非不知，萬物來感乎人，則斯人
本心天然之明幾，一觸即發，便求深入乎物，了解乎物，
識別乎物，乃至發見一切事物變動的規律，而掌握之，遂
得化裁萬物，改造萬物，制馭萬物，發育萬物，以成範圍
天地之種種大業。[45]

熊先生直指古代儒家因為輕忽或不重視外物之獨立性架構性的重
要，故而忽略了須緣外物而生發建立的知識。正面地說出心不僅
有本來明幾之體，且心之認知性應予正視，此種論述，較諸歷代
諸儒，可能是到熊十力先生才正式以積極肯定的語氣而說出者。
他認為本心除了本具「德性之能動性」之外，也同時具足「認知
之能動性」，換言之，本心依其本來明幾，直接照顯人之道德良
知；而本心則又可以依外物為助緣而開展與外物有關聯的各種認
知系統，此即多元的知識和科學。熊先生的此種詮釋，乃首開歷
代儒家之未嘗論述的觀點，可謂是基於傳統而有的創新。

　　熊先生又說：

何故說知識發生於外物？此非余之曲說也。須知，知識所
由成，雖不能排除智慧的作用，〔佛家言後得智，祇說依

托根本智而起。依托二字，如何說得通？應該說後得智，對於事物的了解，就是根本智的作用。如此說，才是。若云依托，則是後得智的了解力，不發自根本智，而別有來源。〕而智慧作用，通過事物，以構成深密、精詳、正確的知識，首先要假定物質是客觀的存在，然後決定用純客觀的方法。〔此中先後，不是時間上的先後，只因義理有分際，假說先後。〕還要隨時創作許多輔助感官的工具。於是智慧作用，確然捨己從物，即將他自身完全投入於事物中，〔此中他字，指智慧作用。〕而絕不自逞其明，以猜度物，唯順以從物，〔智慧作用求了解物，祇有順從物之則，而不可違背物則。〕所以能洞徹物的本質，握定物的規律，乃至推而行之，為一切創造與事業，皆足證實其所得於物之一切，都無一毫蒙昧，都無一毫錯誤，至此，則知識才確立，不可傾搖。[46]

此一大段敘論，是熊先生正視人能依據本心本有的「知性理性」之功能而進行現象的各層次和各方面的認識了解，因而建立人之外延、架構、客觀性的知識，知識之成乎邏輯體系而可以驗證有效，此即科學系統。熊先生認為人之認知得到的知識結果，「都無一毫蒙昧，都無一毫錯誤，知識確立之後，不可傾搖。」當然此觀點不免有些錯誤，因為知識或科學體系和內容，亦是與時而變異修正的，古人不會認知到君主專制是不合道德理性和知性理性的政治，但今人絕不會肯定「專政」是合乎理性的政治制度，

---

[46]　同前注，頁 188-189。

所以追求實現民主政治是普世之趨向；就自然科學言之，科學理
論亦是變化而演進的，如從萬有引力論而至相對論又至量子論，
在在都是在修正發展中，沒有永恆不易而確立一尊的知識或科
學。但熊先生的本意應該不是這樣，他的意思應該是說明知識是
具有「可驗證性」和「效應性」的，此與本心、真如、道體等玄
理不同；玄理是訴諸直觀感應而不具有所謂驗證性和效應性。再
者，熊先生更認為心之認知見聞的作用，「絕不自逞其明，以猜
度物，唯順以從物。」他的意思是說明本心若是作用於去求了解
任何現象或存在物時，它是祇有順從它之所對的現象或存在物之
規則法則，而不會違背，此意是說心啟動認知之功能，乃是自然
會「徹向」或「執持」於它所面對臨在的那個現象或存在物而發
動認知心之解析能力，因此，本心的虛靈空無的而與道體相合的
那個「心自體」，是會退隱潛沉而「歸於密」的，此際，本心的
發用就是滿盈的「知性理性」，開展的是外延、架構、客觀的
「知體」，得出科學知識。相對於此，本心另一個功能，即「德
性理性」，則是了無物執的內在、作用、主觀的「道體」。

　　熊十力先生的這種「一心兩重思維形式」，正面積極地講出
本心的認知作用建立知識和科學，給予「見聞之知」應該有的優
位，而不再像大多數傳統儒者，不免將「認知心」次屬於「德性
心」；而視「道德」為大，視「知識」為小。在牟宗三先生，則
繼續闡揚發揮此種主張，此即牟先生建立的「一心開二門」的理
論間架中的「良知自我坎陷，開出知性主體」說。

五、結論

　　本文最後舉最偉大的心學家王守仁之思想，來作「一心兩重思維形式」的論述之結論。《陽明年譜》，明嘉靖六年〈九月壬午發越中〉條有記：

> 先生復出使移席天泉橋上〔……〕，曰：「二君已後與學者言，務要依我四句宗旨。無善無惡是心之體，有善有惡是意之動，知善知惡是良知，為善去惡是格物。以此自修，直躋聖位，以此接人，更無差失。」〔……〕先生曰：「此是徹上徹下語，自初學以至聖人只此功夫，初學用此循循有入，雖至聖人，窮究無盡，堯舜精一功夫亦只如此。」先生又重囑咐曰：「二君以後再不可更此四句宗旨。〔……〕人心自有知識以來，已為習俗所染，今不教他在良知上實用為善去惡功夫，只去懸空想箇本體，一切事為俱不著實，此病痛不是小小。〔……〕」[47]

這就是陽明先生晚年最後確定的「四句教」。是陽明心學的最關鍵的為德功夫之要，也就是「致良知」的端倪。他最擔心聰慧者「只去懸空想箇本體」，而令良知只內守著孤明而與外面一切人事物都不落實體貼融入，換言之，陽明看出弟子有將良知當作心中光景而在抽象虛空的觀念中把玩，因而失去儒家德教的本義，

---

[47]　〔明〕王守仁：《年譜》，收入《陽明全書》第四冊，卷三十四（臺北：臺灣中華書局，1966），頁18-19。

這就不是良知之教的宗旨目的，陽明設教乃是因為他早已發現「人心自有知識以來，已為習俗所染。」所以，必須教導世人能夠「為善去惡」，而此功夫就是「格物」。

四句教顯著地是道德倫理的教育，換言之，是「德性心」之所行境界，而其宗旨不在「認知心」之所行境界。是「道德主義」而非「知識主義」。如果將陽明先生的「格物」之義，認為是追求知識的意思，那就錯謬矣。但陽明先生固然以德性體證為首出，但此體證之路，卻亦非懸空抽象的虛想，以為打坐入禪的境界，就是致良知。所以日常生活中的倫理實務的良知踐履，是十分關鍵處，這方面的強調叮嚀，茲舉一例明之。

> 有一屬官，因久聽講先生之學，曰：「此學甚好，只是簿書訟獄繁難，不得為學。」[48]

這位屬官，雖聽陽明先生講課已有一段時日，但他仍然以為良知是懸空內照的孤光，與日常生活和公私事務隔為兩橛。「良知」屬心之德性，「簿書訟獄」則屬心之見聞，彼此分開，無有關係。陽明先生聞之，明白這位屬官不真能明白德性和見聞豈可隔斷，所以告之曰：

> 我何嘗教爾離了簿書訟獄，懸空去講學？爾既有官司之事，便從官司的事上為學，纔是真格物。[49]

48　〔明〕王守仁：《傳習錄》（臺北：三民書局，2004），頁 412。
49　同前注。

此所謂「官司」，不是俗稱的「打官司」來興訟的意思，而是今
之所言「司法」，包括法律之知識，以及治安、警政、檢察官和
司法官之專職，這層不是心之德性的進路而能習得，乃是心之認
知的進路方能習得。屬於負責「簿書訟獄」之專職的這位屬官，
除了親近參與陽明先生平日講致良知之課之外，他的職責所在，
必須認真學習並實踐司法的專家之學。

　　陽明先生繼續說：

> 如問一詞訟，不可因其應對無狀，起個怒心；不可因他言
> 語圓轉，生個喜心；不可惡其囑托，加意治之；不可因其
> 請求，屈意從之；不可因自己事務煩冗，隨意苟且斷之；
> 不可因旁人譖毀羅織，隨人意思處之。這許多意思皆私，
> 只爾自知。須精細省察克治，惟恐此心有一毫偏倚，杜人
> 是非，這便是格物致知。簿書訟獄之間，無非實學。若離
> 了事物為學，卻是著空。[50]

陽明先生這段話語是一體包括兩重，一是告訴這位屬官，在從事
司法之職的時候，每一法律案件的追究、審理、判定，都同時牽
涉到自己身為司法官的道德操守以及專業實學，前者源於心之德
性，而後者源於心之見聞。此如同醫生行醫，一方面他必須有高
尚的醫德，同時，一方面他必須有熟稔的醫術；而前者源於良
知，後者則源於認知。

　　由此例證可以發現，陽明的心學之功夫進路，並非偏向德性

之知而已，並非本心在自己內部的澄明清淨的主觀境界而已，它是合內外而為一的，本心必須在事事物物上著力落實，但這個所謂的著力落實，卻不是良知的「本體之本身」，它是靠現象界的各種存在物之結構性客觀性的認識和了解才行。以一只燈來比喻，燈之所以為人鍾愛倚重，是由於燈之光能從其源頭普照出來，而將光明照亮生活的周遭而不被黑暗籠罩。燈之光源就是本心之德性的端倪，此光照射於一切事物，使事物明白清楚，這才是燈的真正貢獻，故光照於事物，而事物得以明晰，這個明晰就是本心之知性的完成。由此，我們可以說陽明心性之學，即其致良知教，必是合德性之知和見聞之知而為一的。

陽明之學既是如此，其他古儒亦是這樣。如北宋初理學大儒胡瑗（安定）的講學湖州，其在州學中立經義齋和治事齋，前者主旨是啟發學子的德性心，後者主旨是培養學子的認知心；前者建立學子之道德人格，後者使學子具有經世濟民之實學，兩學不偏而同時教化。本心是「一」，而同時具足德性和知性，道德和知識皆是這同一個本心之發用。

總之，依本文敘論，重視「一心兩重思維形式」的儒家之教，是儒門常規。

再修稿於天何言齋 2018/10/22

拾　唐君毅先生對
中國的民主政治的一些論述

一、前言

　　中國儒家原本就有民本主義以至於民主主義的思想，在《論語》、《孟子》、《禮記·禮運》、《春秋·公羊》、《易傳》以及黃宗羲《明夷待訪錄》均可見其端倪，惜僅萌發初生之思想，而還未發展出整套完善的客觀架構。當代新儒家熊十力先生及其派下的唐、徐、牟三位先生，非常關心中國的民主共和之傳統思想以及吸收西學之後的創造轉化，先生們對於中國的專制政治之批判、省察以及民主政治之可能性與其宜有的內容、架構，均有專文論述。而關於民主共和在中國的發展，現在雖已在實踐的過程之中，但在進行式中仍然應該不停止地省思、監看、詮釋並且提出更加完善充實的論述。這個學術和思想上的工夫是累積的，且不應該中斷。本文只是在此關於中國的民主共和性之關懷和省思中的一點詮釋，僅就唐君毅先生對於中國之民主政治之現象和內容的觀點，提出簡約的判斷。

二、傳統的聖君德治觀不可為典要

唐君毅先生（清宣統元年－民國六十七年，1909-1978）指出中國傳統政治的最核心問題。他說：

> 中國自秦以後，即為君主制度。在此君主制度下，政治上最高之權力，是在君而不在民的。〔……〕發生許多不能解決之問題，如君主之承繼問題，改朝易姓之際之問題，宰相之地位如何確定之問題，〔……〕中國過去〔……〕只能出許多打天下的英雄，〔……〕最後歸於一人為君，以開一朝代。〔……〕君主能而不賢，則可與宰相相衝突，亦可對人民暴斂橫徵；如君主不能、不賢，則外戚、宦官、權臣皆覬覦君位，以至天下大亂。然賢能之君不可必，則一朝代終必衰亡。以致中國之政治歷史，遂長顯為一治一亂的循環之局。[1]

唐先生此段所論，在當代新儒家而言，是共同的觀點，牟宗三、徐復觀、張君勱等先生對於中國君主專政之上述問題或弊病，均各自有其論述和批判。縱許如錢穆先生，他不認為中國傳統君王政治是所謂「專制政治」，而是君王貴族與士子儒者共同治理國家，並非純然的漆黑一團的非理性，但他也承認傳統中國的君主政治，存在著上述唐先生的論點所指出的情形。

1　唐君毅：〈中國文化之發展與民主建國〉，《中國文化與世界》，收入《唐君毅全集》，卷四（臺北：臺灣學生書局，2014），頁38-39。

　　針對中國君主政治的問題，思考如何給予徹底抽根的解決，唐先生認為「只有繫於民主政治制度之建立」。[2]

　　民主政治必須在現代中國確立起來，這是中國現代知識分子的共同信念，連一般庶民也接受「民主政治」，雖然可能很多人對於「民主」是什麼政治，並無正知正見，可是中國需要實施這種政治制度，則大體上是現代中國人的認知。

　　然而，中國的民主制度，是完全必須西化的嗎？唐君毅先生指出不必然這樣，因為中國文化中，是有「民主思想種子」的。他說：

> 儒家推尊堯舜之禪讓，及湯武之革命，是確定的指明「天下非一人之天下，而是天下人之天下」及「君位之可更迭」，並認為政治之理想，乃在於實現人民之好惡。此乃從孔孟到黃梨洲，一貫相仍之思想。過去儒家思想之缺點，是未知如何以法制，成就此君位之更迭，及實現人民之好惡。〔……〕從儒家之肯定：天下非一人之天下，並一貫相信在道德上，人皆可以堯舜為賢聖，及民之所好好之、民之所惡惡之等來看，此中之天下為公，人格平等之思想，即為民主政治思想根源之所在，至少亦為民主政治思想之種子所在。[3]

唐先生指出中國文化特別是儒家思想中，從孔孟一直到晚明黃宗

2　同上注，頁39。
3　同上注，40。

義，一貫相仍，都主張並肯定德治禪讓公天下之制度，並且支持人民可以反抗暴政而發動革命權，同時也認為政治應以人民的好惡為實踐之原則。而此種垂兩千年的理想，是民主政治思想的根源和種子。

然而，畢竟儒家的公天下政治理想從來沒有實現。乃是因為以血統為準則而君主世襲的帝制，基本上是與儒家的天下為公之禪讓德治理想相違背或相衝突的。帝王專治制度，依徐復觀先生的判準，其背後哲學或理論，乃是法家。法家是中國專制政治的源頭思想，它與儒家基本上具有不相容的對立關係，自秦政以降，中國政統，從來不屬於人民，其意義就是法家在統治術上，一向是贏家，而具有政統在民的理想之儒家，則是輸家。

民主政治是須以人民為主體的，中國的帝王政治，並非以人民為主體。秦漢之後，中國儒家對於「大同世」理想，根本不敢公然標舉弘揚，而只強調「六君子之治的小康世」，儒家的「道德理想主義」之政道，要求聖君以德愛民而治理天下，此即所謂「聖君賢相」的世襲君主制度，[4]但這種思想和主張是有限度的，唐先生說：

4　在《禮記》的〈禮運篇〉，就敘論了兩種儒家之政治理想，一是最高的「大同世」，另一則是「小康世」；前者是大道既行之「天下為公」的政治制度，執政者由選賢與能而產生，後者只是「禹湯文武周公成王」的血緣世襲之聖賢之君為執政之楷模，稱為「六君子」之「小康世」。熊十力先生認為小康世的主張，是後儒竄入〈禮運篇〉以為君主專制政治之依據，而孔子的唯一理想是依據選舉制度而實施的天下為公之大同世制度。

　　過去中國之君主制度下，君主固可以德治天下，而人民亦
可沐浴於其德化之下，使天下清平。然人民如只沐浴於君
主德化之下，則人民仍只是被動的接受德化，人民之道德
主體仍未能樹立，而只可說僅君主自樹其道德主體。
〔……〕君主縱為聖君，而其一人之獨聖，此即私「聖」
為我有，即非真能成其為聖，亦非真能樹立其道德主
體。[5]

　唐先生此段所述，是說縱許有皇帝真是自期為聖的執政者，但其
所謂「聖」卻是佔為己有的私意私行，而人民和君主兩者均非真
正具足的政治世界中的道德主體。其實，在中國帝王專制政治史
之兩千年中，並無「聖君」。[6]因此，中國政治若要超脫不合理
性的「政統在君」之帝王專制政治，則必須從「聖君」之虛假觀
念中徹底解放。須將「德化萬民」從君主的私有轉化而公諸天
下，變成萬民自己的互相德化，同時，君主亦必須將私佔的政
統，公諸天下，使執政治國的位置成為人人均可居之公位。[7]

　　上述所謂政治的位置，應為人人可居的公位，這就意謂必須
肯定人人有平等的政治權利，肯定人人皆平等的為一政治的主

---

[5]　同注1，頁41。

[6]　清人給康熙的帝號是「聖祖」，先師愛新覺羅毓鋆先生說清康熙是「千
　　古一帝」，此說法或不超過，但清人以「聖」稱美康熙，則過矣，堯舜
　　禹被儒家推崇為「聖君」，是一種政治思想中的理想型態，並非實史。
　　兩千年的帝王專制中，最高只有「賢君」，政統中，豈有「聖」之境
　　界？「聖」，唯「聖人」有之，此典範只有大成至聖先師孔子。

[7]　同注1。

體。這也就是孫文先生在《民權主義》主張的「政權」（國體）屬於中國人民所共有，而政府機構則是「治權」，它有如機器，操作者就是官吏，在孫先生的規劃中，人民政權是「國民大會」，而總統以及五個院，則屬於治權機關。政統和治統合而稱為政治，在操作上，則用兩黨政治來運行之。它不屬於人治，須是法治，故必須制定《憲法》，此即依法而治國。[8]唐君毅先生的民主政治之理想，若是具體發展出來，亦應是如此。

三、傳統中國儒道的政治觀：
政治參與非人生第一義

中國傳統政治思想，不是西方東傳而來的觀念系統，但古代中國思想體系，除了法術家之外，並非帝王專制政治之鼓吹擁護者。唐君毅先生提出一個名相，稱中國的古代政治傳統思想是「平天下法天地之政治理念」。他有一番闡述，茲舖陳於下。唐先生曰：「中國之政治，吾人可名之曰『平天下之政治』，此種平天下之政治精神，在周代以前，即為一承天以愛民治民之精神。」[9]他就儒道墨三家而言之。

儒家之政治思想，為依人之仁義之心，以正天下之民，而

8　以上論及的孫文先生的觀點，見《民權主義》以及孫文先生其他相關著作和文章。

9　唐君毅：〈中國人間世界──日常生活社會政治與教育及講學之精神〉，《中國文化之精神價值》，收入《唐君毅全集》，卷四（臺北：臺灣學生書局，2014），頁 288-289。

　　致天下於太平。墨子之政治思想，為教在上者法天，以兼
　　愛萬民，而人民則當尚同於在上之賢者。道家政治思想則
　　教人君仰體天地無為之德，以兼容萬物，均調天下，而任
　　人民之自適其性，自得其得。此諸家之思想，均不盡同。
　　然其以為君者之心，當為一無所不涵蓋而與天地合德之一
　　點，則無異辭。[10]

儒家的仁義之心亦是從天命而來。雖然，儒道墨三家對於「天」
的體會和理解，有其著重點而有差異，但就天道的愛容天地萬
物，令天地萬物得其生機成長，則是一致。然則，為君者統治萬
民，三家都認為是承天之命才有此權能，故政治是君王在人間執
行天之愛民容物的宗旨，故必須是仁德之君，無論是道家清靜無
為或墨家天志兼愛或儒家仁政王道，其理其心一也。

　　晚周三家，墨學中衰，而儒道兩家政治思想則對後世中國影
響甚大。唐先生明白說儒道兩家均非主君主專制亦非主貴族政
治。唐先生闡發此義，曰：

　　周代之政治尚不脫封建貴族政治時，儒家已主依賢不肖，
　　以定卿大夫及諸侯與天子之位，公羊家尤譏世卿。[11]

孟子說：「世衰道微，邪說暴行有作，臣弒其君者有之，子弒其
父者有之。孔子懼，作《春秋》。《春秋》，天子之事也。是故

10　同上注，頁 289。
11　同上注。

孔子曰：『知我者其惟《春秋》乎！罪我者其惟《春秋》乎！』
聖王不作，諸侯放恣，處士橫議，〔……〕孔子之道不著，是邪
說誣民，充塞仁義也。仁義充塞，則率獸食人，人將相食。
〔……〕昔者禹抑洪水而天下平，周公兼夷狄、驅猛獸而百姓
寧，孔子成《春秋》而亂臣賊子懼。〔……〕」[12]孟子明白說出
孔子修《春秋》，雖名為修纂，其實是以己之思想而著作，以史
事為架構，在其中給予政教觀，其所作即是「天子之事」，此句
分明是否定了春秋時代的周天子的合法合理性，而站在最高的政
治觀念層次，指責包括天子、諸侯、卿、大夫、士等統治階級皆
是「亂臣賊子」，均是人民的寇讎，依孟子之意，亟需以革命手
段而除去。

　　太史公詮釋孔子《春秋》大義，更明白清楚，曰：

　　上大夫壺遂曰：「昔孔子何為而作《春秋》哉？」太史公
　　曰：「余聞董生曰：『周道衰廢，孔子為魯司寇，諸侯害
　　之，大夫壅之。孔子知言之不用，道之不行也，是非二百
　　四十二年之中，以為天下儀表，貶天子，退諸侯，討大
　　夫，以達王事而已矣。』子曰：『我欲載之空言，不如見
　　之於行事之深切著明也。』夫《春秋》，上明三王之道，
　　下辨人事之紀，別嫌疑，明是非，定猶豫，善善惡惡，賢
　　賢賤不肖，存亡國，繼絕世，補敝起廢，王道之大者

---

[12]　《孟子・滕文公篇（下）》。

也。」13

孔子修《春秋》，目的就是「以為天下儀表，貶天子，退諸侯，討大夫，以達王事而已」。其所謂「王事」，是指「三王之道」，就是堯舜禹三位儒家最高標準的聖王。他們之所以為「聖王」，不僅僅是道德性之修為達乎最高境界，同時是在政道上表現了儒家的最主要觀念之實現，那就是以德禪讓的公天下政道。在孔子看來，春秋亂世，從周天子到所有諸侯、卿大夫，沒有一個是像樣的，因為他們都不止是「以血統繼位」的私天下，且是弒君弒父、殘民以逞的暴虐之政，是必須討伐推翻的。

　　但是從秦始，天下雖統一，中國實際政統卻已屬帝王政治。在此帝制結構之下，儒道兩家的政治觀如何因應？唐先生說：

> 秦為專制政治，漢興，而黃老之家皆以人君當無為。董仲舒則謂帝王應法天、緩刑、尚德、求賢良共治。儒家、道家尊重人民，固無疑義。儒、道二家之所以未嘗主張選天子，人民積極參加立法司法之事，以爭政權之民主，而唯教天子無為，自下拔取人才與共治天下者，固以中國過去廣土眾民，普選實難。14

唐先生此段語需進一步分疏。帝制既已穩固，天下已屬一家一姓之私，儒家只能如董生一般，以「天」來約束管制導引帝王，冀

13　〔西漢〕司馬遷：《史記‧太史公自序》。

14　同注9。

望帝王可以法天之德而成聖賢之君。道家亦提出清靜虛無自然之道，願人間帝王無為而治，則人民可以在自然清靜的政治之中而自在。而唐先生說「儒、道二家之所以未嘗主張選天子，人民積極參加立法司法之事，以爭政權之民主。而唯教天子無為，自下拔取人才與共治天下者。」若依《禮運》所主張的「大同世」觀，是「大道之行也，天下為公，選賢與能，講信修睦。」則帝王從下拔取人才與他共治天下，明顯是有違孔子或晚周儒家的大同公天下思想，因為若以堯舜德治主義的禪讓政治言，帝制不是公天下，換言之，並非「大道之行而天下為公」的以賢能依期限而主政的公天下之世。它頂多是《禮運》所說的「六君子小康世」之政治，也就是父子相傳的血統世襲主義的賢君政治。所謂「天子自下拔取人才與共治天下」，就是後世儒家強調的「聖君賢相」之政治制度和理想，這是「六君子小康世」，不是大同世太平世的公天下政治。唐先生何以認為無法做到天子由人民選出且人民參與政道而「政統在民」，卻只有要求「君聖相賢」但卻「政統在君」？他以「地理決定論」來加以說明，的確，中國號稱「九州」，領域廣闊空間寬大，人口密度疏鬆，而交通、資訊、運輸等都十分有限且缺時效的狀況下，實不可能施為有如現代此種全民普選國家領導的選舉制度。

　　但是唐君毅先生卻再提出較深層的原因：

> 自吾觀之，尤重要者，乃在依儒、道思想，實皆不以人為必需參加政治活動而過問政治者。〔……〕道家貴身甚於貴天下，多薄天子不為。儒家孔子言「孝乎惟孝，友於兄弟，施於有政，是亦為政，奚其為為政。」儒家之教人，

唯重各盡性以成德。盡性成德之志，必期於修己以安人、安百姓，而其事則非必見乎為政。孟子謂「廣大眾民，君子欲之，所樂不存焉。中天下而立，定四海之民，君子樂之，所性不存焉。君子所性，雖大行不加焉，雖窮居不損焉，分定故也。君子所性，仁義禮智根於心。其生色也，睟然見於面，盎於背，施於四體，四體不言而喻。」夫然故儒者從事政治，而栖栖皇皇，席不暇暖，實唯以天下未治，而非以從政之生活，為人必不可免者。此孔子之言「天下有道，丘不與易」，而於長沮、桀溺、荷蓧丈人，亦未嘗不致敬意之故。儒家所理想之天下既治之局面，乃人人皆以禮樂自治其心身，而「兵革不試，五刑不用」。儒家之太平之世之政治，亦近乎無為之治。故孔子亦謂「無為而治者，其舜也歟」！[15]

這一大段敘說之主旨，乃點出儒家對政治的基本態度有三方面：

（一）為政的根源：不是有如現代的政治學所強調的知識能力，而是為政者的道德心才是核心性原則。此可稱為「道德理想主義的政道觀」。

（二）政治之路有其順序：那就是孔子所說的「孝乎惟孝，友於兄弟，施於有政，是亦為政，奚其為為政。」此其實也就是《大學》八德目的關於治道之倫理，是「修身齊家」之後，才能論及「治國平天下」的，就此順序而言，孔子告訴弟子，家之治理，是為政基本，亦是其能夠自足之場所，此中的意義，其實就

15　同上注，頁289-290。

是「弟子入則孝，出則弟」的家庭倫常之踐履與實施，而在家庭中的倫理實現，是人之所以為人的根本考核，那就是人之孝弟的實踐場，在此場中踐成孝弟，此種人才有德性和能力出去治國平天下。舜是孔子最為肯定稱頌的「古聖王」，舜之所以受到孔子之贊美，一方面是禪讓政治中的道德典範，一方面則是「大孝」。

（三）政治生活非儒家的最內在價值：孟子所說的「君子所性，仁義禮智根於心。其生色也，睟然見於面，盎於背，施於四體，四體不言而喻。」這是儒家在世安身立命的自我清淨的本心良知的內在肯定，若外在的世界，吾道不可行，亦不損乎這點明覺良知的人格生命之自足。

四、中華民國的民主政治之實踐
證明人之善最重要

清末康梁戊戌變法（光緒二十四年，1898 年 6 月 11 日－9 月 21 日）並持續發展保皇觀念，循此而往，其實是可以接上西方的君主立憲制的民主政治，惟以悲劇而終結。甲午戰爭（清光緒二十一年，1894），清朝大敗，居然喪權辱國而割棄臺灣，此國族的大慘變，刺激了孫文先生決志發動國民革命，終於在辛亥（清宣統三年，1911）武昌之役推翻清朝，此次革命，不是傳統的易姓改朝而已，這次的革命，是把兩千年來的帝王專制政治一舉而丟進了歷史洪流中，建立了中國也是東亞第一個「民主共和」國家。但是，現實上的民主共和新中華，卻是如同唐君毅先生嚴肅批判的情形，他說：

如果回想回想清末之人，講西方民主政治之長處之理由，與今日時論中所提之理由一比，亦並莫有甚麼遜色。然而滿清推倒了，袁世凱便要稱帝，不久張勳又復辟，吳佩孚要武力統一，國會議員賄選曹錕，這結束了中國民主代議制度之第一次嘗試。國民革命成功，由軍政進入訓政，歷時二十年，抗戰完結，乃還政于民，有新憲法之產生，國民代表之選舉，立法委員之選舉，開了國民大會，選了總統。然而共產黨旋即進了濟南，一年之後，併吞大陸，收了「用民主自由之要求，推翻國民政府」之果實，依然屬行專政。中國政治沒有西方之民主政制，似是中國一切問題永要靠武力解決之大悲劇所由生。[16]

孫文先生領導國民革命，以武力推翻清朝政權，建立民主共和國，這是運用外在力量而達到的形式的成就，唐先生此處所言之民國初建時的種種弊病，在中國現代史中已是一段常識，其實是民主共和國的內在性尚未建構的緣故。所謂民主共和國之內在性，即是指中國人民大多數依然是傳統君主政制之下的「天民」而非現代民主政制之下的「公民」。換言之，中國庶民百姓在民國肇建之時，其心靈和思想仍然還停留在皇帝、朝廷與大人的專制政治文化氣場，絕大多數人民應該只是消極被動地以為是「改朝換代」。再者，中共能夠以武力擊潰國民政府並取而代之，從後世觀察，亦可明白是有其「順天應人」的時代趨勢，也就是國

16　唐君毅：〈中國今日之亂的中國文化背景〉，《人文精神之重建》，收入《唐君毅全集》，卷五（臺北：臺灣學生書局，2014），頁269-270。

民黨的治理真是腐敗墮落，而中共只是運用兩種行動，一是傳統
中國亂世時群雄並起的打天下造反，一是中國儒家的湯武革命之
弔民伐罪。而唐先生於此處提到「中國政治沒有西方之民主政
制，似是中國一切問題永要靠武力解決之大悲劇所由生。」以此
來解釋何以民國初年軍閥亂政以及中共之以革命來取代國民政府
以其政權來統治中國，實可商榷，其實亂局之因，不在中國「沒
有西方之民主政制」，而是彼時中國人民一則仍是「天民」，習
於帝王專制之治垂兩千年，一則當時中國陷於國窮民困已至幾乎
將會國滅民亡之危局。

　　此種內在原因，唐君毅先生似乎亦已發現。他說：

> 行憲後之國民政府之成立，是代表百年來中國人之政治意
> 識之發展的最後一階段。此階段是中國真正走上民主憲政
> 之直路之開始，直接契接於百年來中國人之政治意識之發
> 展的內在目標，而合於中華民國之所以為中華民國之理念
> 的。但是〔……〕行憲後的國民政府，只是在政治制度上
> 具備了一立憲政府的形式。[17]

雖然行憲的中華民國代表了中國的民主政治之啟始了寬莊直路，
唐先生說是百年來中國人的政治意識要求的目標，其實亦是兩千
年來中國儒家公天下仁政制度的初步客觀制度化。但是唐先生也
指出這個行憲之制，只是在政治制度上具備了一立憲政府的形

---

[17]　唐君毅：〈論與今後建國精神不相應之觀念氣習〉，《中國人文精神之
　　　發展》，收入《唐君毅全集》，卷六（臺北：臺灣學生書局，2014），
　　　頁 177。

式。內在性則存在其危脆性，使得中華民國的行憲民主，可能墮退異化。唐先生說：

> 此形式，只是在原則上為中國人民之政治意識所要求所支持，否則他不會出現，不會存在。但是此支持其出現存在的政治意識，可以退墮，其內容亦可有許多夾雜不純的成份。人民之有此政治意識，亦可並非皆依其真知灼見，自覺根據種種確乎不可拔的理由的。[18]

唐先生說到中華民國行憲政治的形式，在原則上是「中國人民之政治意識所要求所支持」。但其實不能用此種全稱命題，中華民國之行憲，在那個時期，實則只是蔣介石領導的國民政府以及有民主政治思想的部分菁英共同推動而產生，《中華民國憲法》之制定，當代新儒家張君勱先生參與而有重大的貢獻，可是對廣大的大多數庶民而言，彼等之心靈思想實並無這樣高度層次的民主共和政治之認知、理解以及信仰。再者，唐先生則明確指出中國的憲政民主之意識和思想，其實並非純粹無瑕的，是會退墮的，因為其中有夾雜不純而污染，若要確實維持憲政，則必須不斷地去掉其中的夾雜不純，能夠振拔人心之一切退墮，使國人具備政治的真知灼見。

　　然而，就行憲後的中華民國之實際民主政治發展情形來加以考察，1949 年以後的臺灣，民主共和的政治，究竟是完善或破敗？固然國號仍然是中華民國，依然以《中華民國憲法》為治國

---

[18]　同上注。

大法，仍屬孫文先生的「五權分立」的觀念為政府的構造。但解除戒嚴之後，真正進入兩黨代議政治，如今實踐民主共和的中華民國之政道，豈是純粹無瑕？國民和公民豈有民主共和的真知灼見，人心豈是一直上升而不是退墮？兩黨代議政制下的中華民國民主共和，離開西方的民主政治或儒家的公天下政治之理想，其操作的結果，是非常令有識之士大失所望的吧？

中華民國的民主共和體制，在法上，不能說是粗陋，其憲法相當成熟，它有孫文先生的《三民主義》的原則和精神，亦融入了中國儒家傳統的政道理想。但在蔣經國還政於民之後，這個民主國家，確有快速墮落的趨勢，由此印證了中國儒家的原創性智慧，於今仍然正確，孟子曰：

> 今有仁心仁聞，而民不被其澤，不可法於後世者，不行先王之道也。故曰徒善不足以為政，徒法不能以自行。[19]

中華民國既行憲政民主，這不就是「仁心仁聞」嗎？但「後蔣經國」時代的臺灣代議政治，真的是「不行先王之道」。既然實施《五權憲法》的民主共和政治制度和內容，則何以中華民國的總統和行政院長會主張臺獨？又何以有大貪污而不須追回貪污巨款並且服刑的違法犯紀的總統？又何以會有如此怪狀百出的立法院以及腐爛不堪的立法委員？中華民國的政治風氣，證明了它的嚴重弊病不在於客觀的法律和制度之外在條件，而是在於在這個政道之中大多數的活動者並執有權柄者，彼等的心性確實是沒有

---

[19]　《孟子‧離婁上》。

「善」的。此處所言的「善」，包括了五權憲政中的官員、代議士、監察委員等，他們的德性心和知性心的共同完善。除此之外，我們更須關懷若是國民和公民之基本人文教養不足，則徒有政治制度，亦會窒礙難行而有可能沉淪破毀。顯然，民主共和的中華民國，自孫文先生創立之後，一直到今日，除了帝國主義的入侵以及國族內戰等因素而遲滯之外，憲政的民主共和之真正實踐中的大困頓和大危機，是源於國民公民的基本教養不足以及國家執政者和政黨的缺德無學。

五、結論

本文只就唐君毅先生論述的關於中國的民主政治之一些問題而給予簡單的敘說和討論。中國從自己的文化思想體系，特別是儒家的「以德禪讓主義」、「天下為公大同世主義」之中，逐次地發展出屬於自己的民主政治，也未嘗沒有可能性。現代的民主共和之中國，何以只具形式而沒有內容地實現民主政治，一方面是外緣性種種困境之阻滯而使然，但數十年來，最主要的仍然證明一個至理正道，就是為政者、為政團體以及全體國民公民，若欠缺德性和知性的善心善行，則民主政治的理想是不可能充分實現的。民主政治的「形式」固然是必要條件，但「內容」卻是它的理想真正實踐的充分條件。形式是指法制，而內容是指道德和知識的充實真確之教養。

西方的民主政治，強調「個人主體」之絕對尊重，此種維護發展個人自由的「個人主義」之下的民主政治，中國不能全盤橫植，因為中國儒家強調人與社會的關係網絡的「社群主義」，道

家則強調人歸返融入自然的「真人主義」。因此，當代新儒家在吸收、了解、欣賞西方的民主政治時，亦宜從自身的文化思想傳統中，建立屬於中國人的民主共和主體性。

再修稿於天何言齋 2018/10/21

國家圖書館出版品預行編目資料

實踐儒家：儒學儒教的踐履施行

潘朝陽著. – 初版. – 臺北市：臺灣學生，2019.02
面；公分

ISBN 978-957-15-1786-5 (平裝)

1. 儒家 2. 儒學 3. 文集

121.207　　　　　　　　　　　　　　107020468

實踐儒家：儒學儒教的踐履施行

著　作　者　潘朝陽
出　版　者　臺灣學生書局有限公司
發　行　人　楊雲龍
發　行　所　臺灣學生書局有限公司
地　　　址　臺北市和平東路一段 75 巷 11 號
劃 撥 帳 號　00024668
電　　　話　(02)23928185
傳　　　眞　(02)23928105
E－m a i l　student.book@msa.hinet.net
網　　　址　www.studentbook.com.tw
登記證字號　行政院新聞局局版北市業字第玖捌壹號
定　　　價　新臺幣四五〇元
出 版 日 期　二〇一九年二月初版
I　S　B　N　978-957-15-1786-5